中经热点观察系列丛书 I

全球商界巨头、政界领袖及顶级经济学家纵论
世界金融变局及中国经济转型与复兴战略

旁征博引／著

中国怎么办

当金融危机改变世界

在金融废墟中探求全球金融危机的真相
在金融拯救中探秘国际金融的全新秩序
在金融变局中探讨中国经济的转型复兴
在金融转型中探索中国企业的未来出路

中国经济出版社
CHINA ECONOMIC PUBLISHING HOUSE
北 京

图书在版编目（CIP）数据

中国怎么办：当金融危机改变世界/旁征博引著. -北京：中国经济出版社，2009.6

ISBN 978-7-5017-9259-7

Ⅰ. 中… Ⅱ. 旁… Ⅲ. ①金融危机—研究—世界 ②经济发展—研究—中国 Ⅳ. F831.59 F124

中国版本图书馆 CIP 数据核字（2009）第 078472 号

出版发行：中国经济出版社（100037 · 北京市西城区百万庄北街 3 号）
网　　址：www.economyph.com
责任编辑：杨邵川　（电话：010-68359421）
责任印制：张江虹
封面设计：任燕飞装饰设计工作室
经　　销：各地新华书店
承　　印：三河市佳星印装有限公司
开　　本：170mm×250mm　**印张：**15　**字数：**228 千字
版　　次：2009 年 6 月第 1 版　**印次：**2009 年 6 月第 1 次印刷
书　　号：ISBN 978-7-5017-9259-7/F · 8196　**定价：**38.00 元

前 言

2008年,世界金融和经济形势风云变幻。随着美国次级住房抵押贷款市场危机愈演愈烈,并逐步升级为一场席卷全球的金融危机,实体经济受到严重冲击。

美国金融危机发展至今,已拉倒不少显赫的欧美大型机构,但最新的问题之一是主权信用危机,即整个国家面临破产的危险。这情况已在冰岛出现,巴基斯坦、韩国均是濒临破产的高危一族。

这场危机势头之猛,破坏程度之烈,均创20世纪30年代大萧条以来之最。投资大师沃伦·巴菲特形容美国眼下经济困局如同遭遇"经济珍珠港"。

美国、欧元区和日本经济已全部陷入衰退,世界经济正面临多年来最严峻的挑战。发达国家要走出衰退必须依赖新兴经济体。这使得世界的目光又一次聚集到世界上最大的新兴经济体——中国。

在亚洲金融风暴中,许多人认为中国在劫难逃。在1998年11月《经济学人》杂志的封面上,一艘挂着五星红旗的帆船眼看就要被卷入漩涡,旁边一行大字:"中国,金融风暴下一个牺牲品"。转眼之间,十年过去了,在沧海横流当中,唯独中国经济巍然不动。从2002年开始,中国GDP都是以10%的速度增长,而中国的贸易则以28%的速度增长。世界上没有一个国家能像中国这样快速而长时间发展。

然而,繁华的背后,危机却在一步步逼近中国。中国能一如1997年那样成功地避开金融危机吗?与亚洲金融危机中各个媒体对中国的唱衰相反的是,在如今全球金融市场奄奄一息时,媒体将中国看做是拯救全球金融世界的"白衣骑士"。这也不足为奇,因为中国拥有世界上最庞大的外汇贮备,但这显然忽视了中国有限的力量和其国内面临的问题。

在美国乃至世界经济被华尔街绑架的最为困难的时刻,被视为美国利益相关者的中国,在世界经济秩序中的地位似乎益发重要。继前美国总统布什主动向胡锦涛主席通报美国经济金融形势之后,美国金融界的头面人物在中国总理召开的座谈会上对中国的储蓄型经济肃然起敬。

在国际应对金融海啸的斗争中,中国的角色举足轻重。中国经济的持续增长成为世界经济抵御金融海啸的重要后盾,中国4万亿元等一揽子经济刺激计划提振了国际社会的信心。

中国的全球贸易量,吸引外资的排名和外汇储备的数值都排在世界前列,全球的目光都在盯着这些数据。经济史学家尼尔·弗格森曾提出"中美国(Chimerica)"概念,他认为"中美国"是一个单一经济体,既包括中国,也包括美国,两个组成部分之间是建立在贸易和投资基础上的"共生关系"。美国媒体放言说:"美国和中国应该组成新世界格局的'两国集团'(G2)"。英国《经济学家》杂志网站在题为《中国占据舞台中央》的文章中更是指出,许多人认为此次峰会应当关注的不是G20,而是G2(两国集团),即中国和美国。

在世界经济论坛2009年年会上,温总理说道:"中国保持平稳较快经济发展,我们充满信心",随后更以三个"信心来自"加以阐述:信心来自中国经济发展的基本面没有改变;信心来自中国经济发展的长期趋势没有改变;信心来自中国经济发展的优势没有改变。

在逃不开金融危机的时代,《中国怎么办:当金融危机改变世界》深入解读了全球金融大变局的真相与本质,并记录了中国经济转型与振兴的过程,并为中国企业及读者提供了应对金融危机的切实指南。

本书在撰写过程中,大量引用了全球商政界领袖及权威经济学家的精彩观点与言论,诸如史蒂芬罗奇、索罗斯、巴菲特、罗杰斯、奥巴马、蒙代尔、郎咸平、张五常、周小川、茅于轼、许小年、李稻葵、陶冬、谢国忠、周其仁、吴敬琏、张维迎、樊纲、宋鸿兵、向松祚、胡祖六等,在此一并表示感谢。

目录

第 1 章

金融危机改变了世界

对于美国来说，一个时代已经结束了。以往那种繁荣是建立在一种错误的基础上，你再也不能把繁荣建立在那样的基础上。美国和全球金融体系都需要重大调整。我希望我们能够在比以往更合理的基础上重建国际金融体系。这不是所谓的“回归正常”，因为以前那种所谓的“正常”不可持续。

所有国家都应该出一把力，因为如果全球化破裂，每个人都无法享受全球化的好处。但现在破裂的可能性很大。要维系它必须付出很大的努力，必须调整、更换那些坏掉的部分。

——投资大师索罗斯

一个时代的结束

华尔街，这条坐落在纽约市曼哈顿区南部，从百老汇路延伸到东河的街道，长不超过1英里，宽仅11米，却云集了众多世界知名的金融机构。虽然有些早已搬离华尔街的地理位置，但它们仍旧归属于华尔街这一群体，在美联储面前持有重要的“华尔街态度”。

许许多多的人正是做着同样的财富梦想来到了华尔街。摩天大楼矗立在小小的街道两旁，纽约证券交易所、美国证券交易所、各大投资银行、联邦储备银行、世界各大保险公司曾经全部聚集于此。

华尔街投行是金融创新的一个重要发源地。从两个世纪前的为贸易融资、为基础设施融资，到后面的强力介入企业重组、证券期货市场，等等。投行们设计出了一个个美妙的金融奇思并将其实施，催生出一个个市场奇迹。

然而，过去风光的华尔街却因为2007年的次贷危机而伤痕累累。

2008年，雷曼兄弟宣告破产，美林被收购，加上之前垮下的贝尔斯登，华尔街排名前五的投资银行只剩下高盛和摩根斯坦利两家。随着金融危机的日渐深重，美国联邦储备委员会于2008年9月21日晚宣布，批准美国金融危机发生后至今幸存的最后两大投资银行高盛和摩根斯坦利提出的转为银行控股公司的请求，高盛和摩根斯坦利获得银行牌照。这标志着由独立投行主导的华尔街已经轰然倒塌。

正像英国《经济学家》所说，这个十年的前半段，当银行疯狂赚钱时，华尔街上流行的话是：“更像高盛（投行模式）一点吧。”但时至今日，“别太像高盛”则成为当务之急。

美国联邦储蓄保险公司前主席威廉·伊萨克感叹道：

大摩（摩根斯坦利）和高盛的决定，标志着以往世人熟知的华尔街（时代）的终结。要知道，这些敢于冒风险的华尔街投行曾经帮助创造了美国经济的太多辉煌。

美联储批准这两家投行转型,标志着投行模式的草草终结。根据美联储的决定,高盛和摩根斯坦利以后将混业经营,一方面它们可设立商业银行分支机构吸收存款,另一方面还可以与其他商业银行一样永久享受从美联储获得紧急贷款的权利。这两大融资条件,将有效帮助它们渡过目前的难关。这也意味着华尔街上声望最高的两家投行,此后将处于国家银行监管机构的严密监督之下,赢利水平也将远不及从前。而高盛和摩根斯坦利的主要竞争对手,之前已经纷纷宣告被并购或破产。根据长期关注高盛的分析师布兰德·亨特兹的说法:

相较于美国证券交易委员会,美国联邦储备委员会的监管介入程度更高。建立起商业银行组织结构,就必须向美联储、美国通货监理局和纽约州银行监管当局报告,这个成本是高昂的。

国家破产

金融危机自爆发以来就一直在向外围国家蔓延,冰岛这类小国不可避免受到影响。全球金融危机已经在美国和欧洲的许多国家找到了银行业的受害者。而冰岛,是第一个面临着破产危机的国家。

在此,我们首次看到了"国家破产"的字眼。这里的破产简单地说就是国家资不抵债,国库亏空。

在现代社会,国家破产不会伴随统治权"易主",但国内经济会出现连串"后遗症",包括政府宏观调控措施失效,货币体系崩溃,以及通货膨胀等等。现时较有效处理"国家破产"的方式是:由国际货币基金组织(IMF)出面,为债务国提供"破产保护",撮合债权国协商,通过豁免或延期偿还债务(甚至继续借贷)来解决问题。

清华大学中国与世界经济研究中心主任李稻葵在接受央视《直击华尔街风暴》节目采访时向人们解释了什么是"国家破产"(National Bankruptcy):

其实"国家破产"这个词有一定的误导性,国家破产的背后是国家的收支危机,国际收支危机,它要还的债没有钱去还了,要再借钱借不来了,这是国际收支的危机。在历史上这种现象反复发生,各个国家都有发现,包括

1997、1998年的亚洲金融危机，都是国际收支危机。过去为什么不叫破产呢？在那个时代，这个国家要不然就采取宣布我不还钱了，我也不借钱了，我和国际金融市场一刀两断，以后再跟你玩这么一个做法。或者我全面接受国际货币基金组织的各种条件，我跟你借钱，但是我受制于你，我听你的话。第二种方式引起了很多的争议，很多人对IMF(国际货币基金组织)指责很多，说你太无情无义了，把这个国家整得很惨，(认为IMF)有的时候是落井下石。

在这个基础上提出了"国家破产"的概念，是想学"企业破产"的概念，既然企业可以破产，国家也可以宣布破产，我(债务国)宣布破产之后，你们(债权国)就不要来逼债了，给我一个喘息之机，等我恢复以后再还钱。

(国家破产)就是我(债权国)暂时不来逼债了，所有债权人都(有)冻结你(债务国)还债的权利，我(债权国)正常的短期的贷款我照样给你，我让你国家去运行，但是这个概念现在没有完全得到认可。

在人们的印象里冰岛这个国家似乎和破产根本沾不上边，以前听说这个国家都是诸如"世界最富裕"、"最具经济进取性"、"最和平国家"等褒奖。那么，是什么导致冰岛几乎"一夜致贫"。这可以从冰岛总理盖尔·希尔马·哈尔德的话中找出原因：

我们从这次经历中得到的教训是，小国试图引领国际银行业是不明智的。

据统计，在银行放松管制和私有化后，短短7年时间，冰岛的金融机构就累积了750亿美元的外债。然而仅在2008年，冰岛各家银行的债务，相当于冰岛男女老少每人欠下超过25万美元的债。

冰岛总理哈尔德表示，国际金融危机使冰岛经济倒退5年，冰岛2009年国内生产总值可能下降10%。如今冰岛的通货膨胀达17.1%，创下18年来的最高纪录。该国需要几年时间才能走出此次金融危机的阴影。冰岛总理哈尔德眼见银行体系崩溃，已经开始建议国民自行捕鱼来节省粮食开支。

金融海啸之后冰岛已经破产，当前世界各国政府均在努力应对危机。有"新末日博士"之称的美国纽约大学经济学教授鲁宾尼已非首次警告还将会有一些国家可能破产，据彭博报道引述鲁宾尼在自己网站上的文章：

政府吸收这次金融海啸的民间损失，这当中已经把许多民间的负债转移到政府账上。政府总有一天会破产，如此一来政府作为金融体系后盾的公信力（包括存款担保）都会荡然无存。

尽管各国试图拯救金融体系，但政府倒闭危机仍未消除。

源于北美的次贷精灵一挥羽翼，从极尽繁华的都市到凋敝衰败的乡村，甚至在遍及世界的任意角落里，人们都普遍感受到了金融危机的超强飓风肆虐降临。在这场飓风首次冲击中，被誉为实现“从摇篮到坟墓”的理想之国——冰岛不幸触礁罹难，近乎破产；蝶儿翩翩，随着飓风的不断深入，世界各地不幸的消息更是纷至沓来……

在乌克兰，数以万计的乌克兰人无法从银行取出钱来。乌克兰《业务报》报道说，受金融危机影响，乌克兰爆发了大规模的黄金抢购潮，当地居民开始大量收购黄金，以寻求在金融危机中尽可能地让自己的储蓄避险保值——因为乌克兰人认为黄金要比股票和银行存款更为可靠。英国《独立报》分析称，受国际市场严重不景气影响，以出口外向型经济为主导的乌克兰已濒临国家破产边缘。

金融海啸第二波的巨浪已经来临，其中巴基斯坦、韩国均是濒临破产的高危一族。

巴基斯坦外汇储备自2007年起大减74%至47亿美元，但未来1年到期的外债达30亿美元，标准普尔将该国信贷级别下调至CCC +（垃圾级），仅高于破产评级。IMF预计，巴基斯坦需100至150亿美元才能避免拖债。

韩国国内银行的存贷比率超过130%，远高于亚洲区80%的平均水平，银行周转出现问题。根据美林的报告，从2006年开始，韩国的外债呈现出急遽攀升的势头。仅短期外债而言，2006年底的规模约为700亿美元，但在2008年下半年已飙升至近1800亿美元，外债短债率已超过国际公认20%的警戒线，韩国可能再次成为净债务国。市场担忧其成为“亚洲的冰岛”。

金融危机转道

随着消费信贷、商业地产抵押贷款等坏账增加，美国金融系统正遭受着投行倒闭之后又一轮冲击，继华尔街投资银行之后，越来越多的商业银行也滑落到崩溃边缘，这再次给实体经济拉响了警报。美国联邦储蓄保险公司

(FDIC)2008年3月20日宣布,佐治亚州金融监管部门当天关闭了该州的FirstCity银行。至此,美国2009年以来倒闭的银行数量已上升到18家。像花旗、美国银行这样的银行业巨头也是举步维艰。环球财经研究院院长宋鸿兵表示:

我们现在很难设想,当商业银行真的是出现严重危机,当这些商业银行的股票价格暴跌,甚至是当他们发行的十几万亿的这样的金融债,出现严重缩水,当整个金融市场失去了流动性,我们不知道到那个时候整个体系会是一个什么样子?但是应该是比去年(2008年)9月份我们看到雷曼兄弟公司倒闭,比那个危机更严重的一种景象。

中国社会科学院世界经济与政治研究所研究员、国际贸易研究室主任宋泓在接受《国际商报》采访时说道:

投资银行在去年(2008年)爆发的金融危机中已经成为了重症病人,目前正在接受政府的救助。然而,由于监管放松,商业银行在其传统业务之外,也涉及到了为数不少的金融业务,如对冲基金等等。这样一来,商业银行在金融危机中也受到了严重的拖累。近期,花旗银行、美国银行这样的金融业巨头接连遭遇困境就是最为明显的例子。此外,还有更多的商业银行已经告亏,形势严峻。

以美国为首的国际金融体系20年来扩张过快、积弊太多。投行倒下了,金融机构的负债就由商业银行负担了。美国银行收购美林是一个典型的例子,结果也很明朗:商业银行有些抗不住了,美国银行宣告了历史性亏损。

商业银行能否用传统业务的盈利来弥补"新兴"业务的亏损,成为商业银行能否逃过"鬼门关"的关键,也是第二波金融危机会否真正到来的关键所在。

在2006年下半年,也就是次贷危机爆发前夕,花旗集团的股价曾经达到每股55.70美元,花旗集团的市值高达2772亿美元。两年后的2009年3月5日,花旗集团的市值只剩下55.96亿美元,缩水幅度达到了98%。

2008年11月23日晚,美国财政部决定对花旗集团注入资金200亿美元。国际货币基金组织前首席经济学家罗格夫说道:

这("花旗事件")或许是一件标志性的事情,金融危机正在转道。

据《纽约时报》报道，花旗内部人士表示，多年以来，花旗高管制定的策略鼓励是，即使冒更大的交易风险也要扩大规模、提高利润。这是花旗面临危机的重要原因。

2009年1月13日，世界上最大的金融服务企业花旗集团宣布重组计划。受到金融危机沉重打击的花旗集团正在一步步从以往的“金融超市”模式走向解体。2009年1月，花旗与摩根斯坦利达成协议，将把旗下经纪业务美邦公司的控股权转让，后者将被纳入一家由摩根斯坦利主导的合资券商。

和君咨询集团董事长王明夫在接受《上海证券报》采访时说道：

花旗这轮危机的直接原因有三。

第一，连续四个季度（花旗集团）财务上巨亏总计200亿美元，以及资产质量下降。一次和二次楼宇按揭贷款规模共2000亿美元，其中可能变为负资产按揭的贷款规模达到750亿美元，（2008年）四季度计提贷款损失74亿美元。

第二，市场信心和操作性因素。财政部救市政策转向，对冲基金趁机做空，花旗集团股价首次跌落至10美元以下，长期机构投资者都在大量甩卖。

第三，由于消费者支付能力减弱，其庞大的消费者贷款业务和信用卡业务更让该集团犹如坐在火山口上，上季度（2008年第三季度）该集团的上述两项业务收入达167亿美元，占全部收入的三分之二。房地产暴跌、信用卡、汽车贷款、企业信贷等问题，都造成银行的经营面恶化。而坏就坏在花旗“大”，全方位、全业务、一站式经营，各种业务相互关联、互相影响，好的时候相互促进，一荣俱荣；不好的时候相互拖累，兵败如山倒。

至于是否为危机恶化的信号，现在看来，华尔街危机演变路线是相当清晰的：从次贷危机演变到金融危机，“两房”破产、投资银行倒闭，只表明金融危机还处在中期阶段，还没到后期阶段，还没到最困难的时期。等到花旗这样的商业银行帝国摇摇欲坠了，那就标志性地说明金融危机开始进入后期阶段，最艰难时期正在走来。再往前演变，金融危机就进入全面经济危机了。

花旗集团的命运是美国金融危机持续发酵的真实写照。从花旗集团的“沦落”可以洞悉美国金融业整体形势的严峻。

高盛（亚洲）有限责任公司董事总经理、大中华主席胡祖六认为：

金融机构就是要杠杆。任何一个商业银行都有杠杆，都是靠负债的。欧洲从来没有说投行和商业银行分开，它们叫综合性银行，比如说瑞银。从1999年高盛和摩根斯坦利也可以做商业银行。但这些机构被定位为投资银行。反而有一些商业银行也想做投资银行，开始渗透。这是一个很动态的过程。任何一个成熟、发达的金融体系都需要几个不同的金融机构。

花旗这样大杂烩式的全业务结构是不是会成功，还是未可定论。曾经花旗银行是非常好的商业银行，今天的花旗银行从（作为）商业银行比不上美国银行，（作为）投资银行远远比不上高盛或者是摩根斯坦利。而且这次金融危机，国内很多人包括学界人士都没认识到，高盛并不是损失最大的，尽管5家投行有3家倒闭的。其实损失最重的还是商业银行，还是所谓的综合银行，比如说花旗、瑞银，他们加起来的损失，可能比美林、雷曼兄弟加起来还多。

重创实体经济

2009年1月，中国银行副行长朱民撰文指出，各国政府的救市政策并没有真正缓解次贷问题引发的本轮全球金融危机。

金融动荡对实体经济产生负面影响并非是瞬时实现的，像雷曼兄弟申请破产等金融异动并不会立刻带来消费、投资和进出口的趋势变化，而是通过恶化金融环境、加剧信贷紧缩、引发心理恐慌的方式，加大消费的短期资金约束和投资的违约风险及流动性风险，进而给未来实体经济发展形成掣肘。

瑞士信贷第一波士顿亚太区首席经济学家陶冬在接受《证券时报》采访时说道：

经过一轮去杠杆化和价格调整，金融市场“火烧连营”的能量已大幅降低，但制造危机的温床依然存在。2009年，至少有5个风暴可能引发第二轮危机：第一，CDS市场共有62万亿美元的合约，是目前金额最大的信贷类衍生工具市场，其爆炸能量可想而知。公司债市场利率仍然高企，银行惜贷情况依然严重。如果这种状况不能得到迅速改善，一批企业会倒闭，大量公司债将无法偿还。第二，依赖外债的新兴经济体都陷入了流动性危机，货币急剧贬值,俄罗斯和东欧国家是其代表。第三,由于本土借贷机会有限,欧洲银行一直在新兴市场十分进取,对东欧更是如此。东欧贷款随时可能演变成欧洲版的次贷陷阱。第四,欧洲银行目前已经处于高风险状态,欧洲的实体经济恶化也远较预期严重,欧元前景可能遭市场质疑。第五,美国今年(2009 年)举债甚至可能突破 3 万亿美元,现在国债的价格与其潜在的风险不成比例,一旦资金撤离,美国国债市场的泡沫可能爆掉。

金融危机到底对实体经济带来了怎样的影响呢?美国商务部公布的数据显示,2008 年美国第四季度 GDP 增长环比由上季度增长 2.8% 转为下降 0.3%,其中消费下降 3.1%,私人投资下降 1.9%,自 2007 年 12 月进入衰退以来,美国就业岗位减少了 360 万个,目前失业率高达 7.6%,是 16 年来的最高点,而据估计,2009 年失业率可能会上升到 9% 左右,失业集中部门由建筑业、金融业向制造业和零售业扩散。

中国人民银行研究生部部务委员会副主席王自力预言:

金融危机第一波倒下的主要是投资银行,美国五大投行关张的关张、改行的改行。这一波倒下的可能是大的商业银行,这种级别的银行出问题,其影响是可想而知的。危机已经从金融市场蔓延到实体经济,信贷如果继续萎缩,不要说中小企业,像一些大型企业瞬间倒塌也不是什么稀奇的事。

金融危机更是重击汽车业,车市恐慌全球蔓延。美国汽车三巨头——通用、福特和克莱斯勒更是遭遇困境,2008 年第二季度通用汽车亏损总计 155 亿美元,创下有史以来全世界企业季度亏损纪录;过去两年,福特亏损 153 亿美元;克莱斯勒同样持续亏损。

2008 年 10 月,欧盟委员会负责经济和货币事务的委员华金·阿尔穆尼亚警告说,欧盟现在面临的已不只是金融危机,而是严峻的经济形势,家庭、企业和就业均受到沉重打击。

在银行倒闭、股票下跌和英镑贬值的同时,英国人愈益发现,金融危机的触角已经伸向了实体经济:房地产市场低迷,汽车销量下滑,零售业销售疲软,2008 年第三季度国内生产总值下降等。人们普遍认为,发源于美国的国际金融危机已开始"入侵"英国的实体经济。

2008 年日本民间调查机构——帝国数据库 10 月 8 日公布的统计结果表明,2008 年上半财年(4 月 ~9 月)日本全国的倒闭企业数量和负债总额同比双双大幅增加。

花旗银行总裁 William R. Rhodes 在 2008 年夏季达沃斯论坛上表示：

目前全球金融危机已经蔓延到实体经济当中，当前关键的是要重振市场信心。当前金融领域的危机已经蔓延到了实体经济当中，先是次贷，然后是楼市、车贷信用卡，都受到了影响。在美国，信用卡的债务违约率和失业率是密切相关的，零售额和就业率以及失业率也密切相关。现在失业率已经上升到 6% 以上。因此，考虑到实体经济在市场中的基本情况，一定要重振市场信心。有了信心以后，市场会发挥重要作用。

尽管俄罗斯总统梅德韦杰夫 2008 年 11 月 25 日还在信心十足地表示俄罗斯经济增长率仍将保持在 7%，但这场危机对俄罗斯经济的冲击仍在蔓延之中。梅德韦杰夫承认，俄罗斯银行和资本市场的危机已经蔓延到了实体经济，俄政府保证将会动用石油财富向其他产业提供救助。

巴拿马运河的货物通过量和船只通过量堪称世界贸易的晴雨表。作为巴拿马运河的第二大用户，中国船运企业深切感受到了金融危机的影响。2009 年中国远洋运输集团巴拿马海运公司总经理张福存在接受《经济参考报》采访时说道，中远集团巴拿马公司原来每月有大约 7000 至 8000 个标准箱的货物从远东运抵巴拿马，现在每月不超过 1000 个标准箱。

中国审计署审计长刘家义在 2009 年 2 月召开的国务院新闻办公室新闻发布会上说：

去年(2008 年)11 月份，我们及时按照中央要求，组织对金融危机对我国实体经济的影响情况进行了及时的审计调查。调查结果表明，国际金融危机对我国的实体经济，首先是影响了进出口，其次是影响到就业，再就是(影响到)整个生产经营的情况。

2009 年 3 月，农业部农村经济研究中心主任宋洪远在接受《中国日报》采访时进行了具体说明：

金融危机逐渐的蔓延和扩大，对于我们国家影响比较大的就是实体经济。实体经济影响就是企业生产经营困难，特别是劳动密集型的外向出口型的企业。劳动密集型企业存在经营困难，就导致一些农民工返乡回流。一个企业要面临倒闭的时候就要裁员，在这个企业里既有农民工就业，又有城市职工就业，首当其冲的是农民工。因为农民工一走就了之了，城市职工裁员了还是这个城市的人,也要就业。

我们做过调查,包括我们的机构,包括国家统计局,包括劳动社会保障部,都在做一些研究。各家由于调查对象不同,样本不同,采取的口径和方法不同,数据有差别。但是一个基本的事实是肯定的,就是受经济危机的影响,受一些企业生产经营困难的影响,有大量的农民工返乡了,回流了,离开了城市,回到了农村。

金融危机第二波

金融危机第一波还未过去,第二波业已成形。2009年初春,欧、美各大经济体正手忙脚乱地迎击金融危机的"新攻势"。据穆迪公司称,2008年,多达249家欧洲企业的信用评级遭到下调,该数字为1990年以来新高。全球各经济体目前面临的金融危机第二波正在以"双管齐下"的方式酝酿着:金融体系与实体经济的同时受创,让彼此失去了足以倚靠来减缓下滑速度的伙伴。

2009年年初信用评级机构穆迪的一份报告称,东欧形势不断恶化引发了该地区市场的动荡,并可能波及西欧乃至纽约。香港金管局总裁任志刚认为:

全球金融体系仍动荡不稳。主要经济体系推出的宽松货币政策及大规模刺激经济方案能否有效地恢复投资者信心,仍有待观察。

今年(2009年)的市场环境将仍然维持非常困难的状态,而且不明朗的因素前所未有。在2008年的金融海啸中,包括银行体系稳健的香港也出现挤兑的状况,而今年(2009年)全球金融体系仍动荡不稳,海啸第二波正开始出现,由于新兴市场的经济已下滑,加上心理因素,第二波的传染性可能较第一波更厉害,引起市场更大的震荡。

更甚的是,现时仍无迹象显示金融体系将恢复正常运作。支持经济运作所需的资金融通功能,仍需依赖有关地区的央行不同形式的参与才可维持,其中包括为银行体系资产提供担保、注资和提供流动资金。

任志刚所在的香港金融管理局,是香港特区政府下辖的独立部门,负责香港金融政策、银行和货币的管理。任志刚举例称,危机爆发以来,美联储的资产负债表已扩大一倍多（总资产由2007年8月1日的8700亿美元，增至2009年1月21日的20400亿美元），而且膨胀之势仍在继续。

对于金融危机第二波的提法，著名经济学家郎咸平在一次演讲中一脸凝重地说：

从（2009年）2月开始，第二波金融危机已经袭来，而且其冲击要远远大于第一波金融危机。

第一波金融危机，美国政府动用了7000亿美元就基本完成了救市。而为了应对第二波金融危机，我目前了解到的是美国可能动用高达9.7万亿美元，可见其冲击该有多大。美国从立国到现在经历了15次大的支出，包括一战、二战等，总共的花费才8.1万亿美元，还不如这一次的预算多。

Kasetsart大学经济学家Boontham Rajitpinyolert认为，第二波金融危机的标志不再是各个金融机构更深层次的苦难，而是各国家中央银行将面临的前所未有的窘境。他指出，迄今欧盟各国计划投入的救市资金总额已超过2万亿欧元，如果政府注资速度跟不上接受援助的金融机构复原速度，这些国家的中央银行将难以继续维持。

独立经济学家谢国忠则对于金融危机第二波的说法并不认同。他认为，从2007年8月次贷危机出现，金融危机就越演越烈，贝尔斯登被收购，雷曼兄弟的倒闭，蔓延到现在，花旗银行、美国银行以及众多欧洲银行面临破产危机，金融危机正在以最严厉的方式告诉世界，它的脚步从未停止。

东欧经济危机

这是似曾相识的一幕：股市暴跌、楼市崩溃、货币贬值、资本外逃、债台高筑，甚而导致一夜之间国家破产、政府垮台——1998年，发生亚洲金融危机时，新兴的东亚市场也曾上演过这般高空坠落的景象。

2009年3月，经济合作与发展组织国别经济研究主任伍戈特（AndreasW·rg·tter）在接受《经济观察报》采访时说道：

12年前的亚洲金融危机，就像它的名字那样，只是一次区域性危机，而现在，整个世界都在做自由落体。

当2004年5月1日中东欧10国新加入欧盟时,欧盟举“盟”上下,交杯相庆,皆大欢喜。谁也没想到4年多后,东欧这个欧洲经济增长的新火车头将有可能成为引发第二波金融危机的火药桶。继俄罗斯、乌克兰等国评级纷纷遭到下调之后,全球三大评级机构之一穆迪又警告说,东欧经济危机可能严重冲击欧洲发达市场的银行业,许多西欧银行的评级可能面临大幅下调。穆迪的风险提示报告,加剧了人们对金融危机的恐慌。中国银行国际金融研究所高级分析师温彬认为,东西欧银行业间的关联已达到“唇亡齿寒”的地步。他指出:

由于地缘关系,在东欧剧变后,西欧的银行纷纷进入该地区开设分行或建立子行,而且一些银行还把在东欧地区的拓展作为自身业务发展的战略重点。

东欧“崩溃”

香港明报报道,东欧经济危机恶化,波罗的海国家拉脱维亚主权评级被标准普尔降至“垃圾级”,经济濒临崩溃的乌克兰,评级更被降至欧洲最低的“CCC+”。面对恶劣环境,匈牙利总理久尔恰尼(Ferenc Gyurcsany)向欧盟领袖求救,“请拯救我们的银行,快点让我们加入欧元区。”

银行涉险、外资抽逃、出口锐减、货币贬值……种种迹象表明,金融危机新一轮“风暴”正在东欧地区酝酿,而东欧经济之痛与其发展过度依赖外资和出口以及背负过高外债不无关系。

在欧盟东扩之初,由于在地租、人力资源、税收政策以及地缘等方面的天然优势,东欧成为西欧银行及投资机构最为钟爱的投资目的地,2007年更取代亚洲,成为吸引外资最多的新兴市场,流入资金达3650亿美元,大部分用作购买银行债券。东欧国家一度步入经济发展快车道,成为欧洲的新兴经济体。

之前几年,由于东欧经济快速增长,它与西欧的金融联系日益紧密,使得该地区成为西欧的投资热点,西欧银行业拥有大量对东欧的贷款。而2008年以来全球经济下滑以及西方邻国出口产品需求锐减,使得东欧经济优势不再。

随着发达国家回撤资金,匈牙利、波兰、波罗的海三国等过度依赖外债的东欧各国正逐步陷入本币贬值、经济下滑的深渊……

青年学者何帆在接受中央电视台《今日观察》节目采访时说道：

东欧国家出问题，非常像原来东亚国家发生金融危机：一开始经济过热，大量热钱流入，热钱流入，把房地产泡沫推得很高。现在基本面出现问题，又加上国际的炒家开始作空，所以现在东欧国家在破产的边缘。

丹麦银行（Danske Bank Group）的首席分析师克里斯藤森（Lars Christensen）在2009年2月的一份研究报告中说，中东欧市场垮塌的规模与1997年从泰铢贬值开始的亚洲金融危机相当。

2009年3月，PIMCO投资管理公司中国业务发展主管孙昊在接受《羊城晚报》采访时谈道了东欧国家问题爆发的主要原因：

第一，这些国家外资依赖程度过高。就净海外负债占GDP比率而言，波兰达到50%、罗马尼亚为52%、匈牙利为99%。与1997—1998年亚洲金融危机时的亚洲国家相比，现在东欧国家的问题更突出、更严重。即便当年问题最严重的泰国，其净海外负债占GDP的比率也不到50%。

据统计，截至今年（2009年）2月底，东欧国家总债务为1.7万亿美元，其中今年（2009年）到期需要再融资的债务约4000亿美元。这其中还不包括俄罗斯今年（2009年）到期的1000亿美元债务。

第二，目前东欧国家的政府缺少应对危机的必要的政策手段。一方面，东欧国家并不拥有足够的财政实力来实施财政刺激方案。二来出于对其本币大幅贬值情况下出现进一步贬值的担忧，东欧国家不敢采取如美欧国家那样的大幅减息的货币政策。实际上，2009年2月份匈牙利官方利率维持在9.5%，俄罗斯为了维护币值稳定则把官方利率从11%提升至12%。

其次，东欧国家没有足够的外汇储备积累。近期，东欧国家外汇储备流失平均为20%左右。

西欧的银行在自救过程中，从东欧国家抽走部分贷款、资金，或者停止新增贷款等，都会导致东欧国家金融体系出现问题，这表现在东欧国家货币下跌、风险价差扩大、各项经济指标放缓等。

欧洲复兴与发展银行首席经济学家埃里克·伯格洛夫表示，东欧国家的赤字来源主要是外国资本投资，以及对西方银行资金的依赖。巨额的赤字同时造成中东欧国家货币大幅贬值。纽约大学教授鲁比尼表示：

部分东欧新兴经济体正在酝酿新的金融“灾难”，新兴欧洲将出现全面金融危机，就像十年前的东南亚和拉美那样。由于美国及西欧等发达经济体的金融业与企业都在加快资本回流，从而引发美元持续走强，融资套利交易平仓和资金大举撤离，使得资金流出地波兰、匈牙利、俄罗斯、捷克等东欧国家货币加速大幅贬值，导致银行涉险、外资抽逃、出口锐减。一时间，经济寒流大范围袭击了乍暖还寒的东欧。

2009年3月，渣打银行亚洲区总经济师关家明在接受《羊城晚报》采访时说道：

总之，东欧未来的前景存在很多变数。未来一年甚至更长时间，东欧的情况都会很困难，至少会有一两个地方出"大乱子"。所谓"大乱子"，就是指金融体系崩溃、国家"赖债"、经济停顿等。至少目前看来，这种危险性还在增加。

"东欧宏观经济一直以来最大的问题在于其对外国资本依赖程度太高。"中信证券宏观经济分析师褚建芳分析，"这次金融危机后，各国去杠杆化程度加剧，从东欧国家抽离掉大量资金，使东欧国家一下子陷入资金紧缩中。"

冲击欧盟一体化进程

自从欧盟的前身欧共体成立以来，欧盟已发展成一个拥有27个成员国的国际组织。欧盟雄心勃勃，一方面不断加强自身一体化建设，一方面继续向周边扩大，希望将欧洲诸多国家融合成一个政治、经济和军事实体。但是，金融危机冲击了欧盟一体化进程。

穆迪分析师说道，由于东欧经济过多依赖来自西欧银行的大量资本流入，随着更多美欧银行被迫撤资回本土"救急"，东欧经济体势必受到更大的冲击。

许多面临严重危机的西欧人认为，为东欧的狼藉局面买单付账是极不公平的。然而，如果东欧国家沉没，西欧将在第一时间遭受牵连，将轻易地摧毁欧盟最引以为豪的成就——单一市场。让东欧自生自灭带来的政治后果可能更加糟糕，如果东欧人感到自己被西欧所抛弃，他们将倒向平民主义或国家主义。

英国首相布朗对金融保护主义发出警告。布朗指出，一些国家在救助本国金融机构过程中要求它们优先向本国企业提供贷款，导致金融机构纷纷从海外市场撤资，从而危及到正常的国际投资。

据新华社报道，法国在救助本国汽车业过程中，总统萨科齐声称，法国汽车厂商获得政府补贴后不应到捷克等其他国家增资设厂。除法国外，意大利也出台了类似的汽车业救助方案并引发保护主义担忧。东欧国家近年来依托欧盟统一大市场和自身成本优势，吸引不少西欧汽车厂商到本国投资设厂，汽车业正成为一些国家的支柱产业。因此，法意等国的做法无异于釜底抽薪，向东欧转嫁危机。

此外，在西班牙和英国，一股排斥外来劳工的情绪正在蔓延。这些国家的不少“打工族”来自东欧，他们怀揣“淘金梦”来到西欧，如今在异国他乡难以安身。

比较富裕的西欧国家为了自保，不愿意拿出更多的资金来救助那些更加困难的东欧“穷弟兄”。面对这种情况，英国《金融时报》刊文呼吁“在危机中保护欧盟团结”，认为欧盟如何帮助东欧成员国渡过难关，将检验其是否配得上“联盟”这一名称。国际货币基金组织总裁卡恩批评欧洲缺乏集体应对危机能力。

哈佛大学教授肯尼斯·罗格夫在接受《纽约时报》采访时说，欧洲大陆经济状况恶化，将导致全球避险情绪升温。一些因为欧洲市场下跌而损失的投资者将不得不抛售美国资产来筹资，从而给美股造成进一步压力。

青年学者何帆在接受中央电视台《今日观察》节目采访时说道：

金融危机背后展现的是各国的真正实力。东欧曾经发生过比较严重的经济萧条，产生类似东南亚金融危机的现象，而在过去几年转型过程里，只是经济复苏。复苏的主要原因是大量外国投资涌入，而且大量借债以美元形式。所以美国金融危机动荡，也使得东欧国家面临非常大的问题，西欧国家也在衰退，拯救他们比较困难……现在匈牙利、捷克和波兰人口面积大很多，包括保加利亚和罗马尼亚等现在面临一个非常困难的选择。因为现在只有德国贸易顺差，有财政盈余，英国已经到破产边缘，法国、意大利自顾不暇，所以欧洲动荡会加剧。

世界银行行长佐利克也呼吁欧盟加强对中欧及东欧经济体的支持力度。佐利克在接受媒体采访时称：

中欧和东欧经济体需要得到欧盟的支持，自1989年欧洲整合至今已有20年，如果让欧洲重新回到分裂状态，将是一个悲剧。

清华大学中国与世界经济研究中心主任李稻葵表明了相反的观点，他认为东欧的情况不会反作用到其他国家。李稻葵在接受中央电视台《经济半小时》节目采访时说道：

用这些(东欧)国家打个比方，相当于这是金融风暴的一个表象，相当于狗尾巴，狗尾巴的晃动，不可能晃动狗身子，它是一个比较边缘性的从经济、从金融，在全球的这个趋势来判断，它现在是狗尾巴的这个局面，不可能它的问题会反过来传导到发达国家。

新兴市场元气大伤

近年，一些国家和地区工业化、信息化发展速度较快，在国际经济政治舞台上地位日显，被国际经济界统称为新兴市场。越来越多的迹象显示，金融危机正在进入全球扩散阶段——原本没有发生金融危机的国家正在经受考验，新兴市场国家金融危机多米诺骨牌已经一个接一个地倒下，从北欧的冰岛，到东欧的匈牙利、白俄罗斯，从东亚的韩国再到南亚的印尼、印度、巴基斯坦，再到南美的巴西和阿根廷……

2009年初，香港金融管理局总裁任志刚表示，金融危机的最新发展可能对新兴市场造成更大威胁。金融危机爆发以来，很多新兴经济体在过去几个月已迅速陷入经济衰退，GDP、出口、失业率、公司业绩(尤其是金融机构的表现)等数据急速转差，令新兴市场元气大伤，它们更容易受到市场气氛突然逆转的影响。

独立经济学家谢国忠在接受中央电视台《经济半小时》节目采访时说道：

这次全球性金融危机已经迅速从发达国家蔓延到众多新兴市场国家或地区，并对这些国家或地区产生强烈震荡。对东亚影响最大的，像韩国、新加坡和中国台湾，你看出口的话下降三成、四成(的国家)都很多的，这个比东亚金融危机的时候还严重。

包括东亚国家、印度和俄罗斯等很多新兴市场国家受到剧烈冲击的主要原因来自三个方面：

一个是资本，比如说在俄罗斯股市里面，外资要撤走，所以引起了股市大幅度下降；第二个是大宗商品价格下降以后，发展中国家的收入下降了；第三个是制造业出口大幅度下降。

清华大学中国与世界经济研究中心主任李稻葵在其2008年1月所发表的文章《未来两年将出现世界性金融危机》中预测：

新兴市场经济国家在过去十年的发展过程中，吸引了大量发达国家的资金，以墨西哥、俄罗斯、印度、巴西等国为例，其证券市场上一半以上的资金来自于国外。日益高涨的海外资金不仅推动了本地资产价格的高涨，也推动了本地经济的繁荣，同时也带来了本地货币实际汇率的不断升值。这一系列过程为这些经济体发生金融危机埋下了种子，其中最为突出的是两个地区：一是波罗的海三国——爱沙尼亚、立陶宛和拉脱维亚，不仅经常账户出现了占GDP10%以上的赤字，同时财政赤字也日益加剧，国内价格上涨的趋势愈演愈烈，而且，这些国家还实行了与欧元挂钩的联系汇率制度，这无疑是写下了导致金融危机最佳的化学反应公式。

另一个非常脆弱的经济体，就是印度。虽然印度经济在过去3年内保持了年均8%以上的增长率，但是其宏观经济的情况不容乐观：长期以来，印度的经常账户处于赤字状态，证券市场一半以上的资金来自于海外，通货膨胀率不断上升，中央政府也是长期处于赤字状态。

除金融风险外，贸易风险对新兴市场，特别是对出口导向型经济体而言也不容忽视。美欧经济增长明显放缓甚至进入衰退，造成其对外需求萎缩，采购价格下滑。发达国家的经济不景气，还可能促使其政策取向发生变化，贸易保护主义进一步抬头。

2008年10月6日，国际货币基金组织（IMF）总裁施特劳斯·卡恩表示，在经济全球化背景下，金融危机的影响会无处不在，新兴市场国家也难以摆脱全球经济增速放缓的影响。

新兴经济体在金融市场受到的冲击比发达国家还要大，据英国《经济学家》截至2008年12月29日的统计，全球股市下跌达40.7%，其中新兴市场下跌了55.2%。其另一统计显示，2008年1月1日至10月22日，除人民币升值6.9%以外，巴西、印度、俄罗斯、南非、韩国货币均大幅贬值，幅度分别为24.8%、20.1%、8.7%、38.7%和31.3%。

花旗银行(Citibank)董事长、总裁兼首席执行官威廉·罗兹认为：

目前的全球金融危机有别于30多年以来的任何一次危机。与20世纪80年代的拉美债务危机和后来的亚洲金融危机不同，此次金融动荡已从美国和随后的西欧地区，输出到新兴市场。证券化以及不透明的复杂金融工具的扩散和全球分配，意味着各经济体之间的相互依存度已提高。几个月前，我注意到"脱钩"一说已被证明为荒诞不稽。如今，我们正看到这个相互联系的金融体系风暴的全面威力。

本章参考文献

[1]齐雁冰，高盛大摩转型，华尔街五大投行悉数"覆没"[N]. 北京青年报，2008－09.

[2]王晓然，陈洁. 高盛大摩转为银行控股公司，华尔街五大投行无一幸存[N]. 北京商报，2008－09.

[3]老牌投行雷曼竟以倒闭终结，投行日子怎么过[N]. 市场报，2008－09.

[4]戎明迈. 次贷危机冲垮投行，高盛摩根斯坦利转型传统银行[N]. 南方都市报，2008－09.

[5]马骏骎，刘琳. 华尔街模式终结，高盛大摩放弃投行[N]. 每日经济新闻，2008－09.

[6]马红漫. 雷曼兄弟破产不仅仅是个案[N]. 广州日报，2008－09.

[7]央视. 华尔街制造了什么[N]. 中国财经报道，2008－10.

[8]谢国忠. 过低利率不利于经济. 21世纪经济报道，2009－01.

[9]高盛大摩转型商业银行[N]. 大众日报，2008－09.

[10]金融海啸波及亚洲，巴基斯坦和韩国或将破产[OL]. 中国新闻网，2009－03.

[11]焦建. 冰岛：国家破产[OL]. 经济观察网，2008－10.

[12]冰岛正考虑"不入欧盟先用欧元"[N]. 国际金融报，2008－12.

[13]荆才. 海啸淹亚洲，巴韩最高危[N]. 香港文汇报，2009－03.

[14]花旗沦落,美国金融业“炎症”难消[N]. 上海证券报 . 2009 - 03.

[15]张国良 . 在金融危机面前,商业银行应该是稳定器[N]. 第一财经日报,2008 - 09.

[16]新华社电 . 警惕会有第二波金融危机[N]. 扬子晚报,2009 - 01.

[17]石贝贝,王明夫 . 花旗坠落,金融危机最艰难时刻到来[N]. 上海证券报,2008 - 11.

[18]孟庆海 . 学者激辩金融危机第二波 热钱或下半年回流 . 中央电视台,2009 - 03.

[19]方家喜 . 花旗警讯:金融危机正从投行蔓延至商业银行[N]. 经济参考报,2008 - 11.

[20]胡祖六 . 危机中商业银行比投行损失更重[OL]. 腾讯财经,2008 - 09.

[21]今年以来美倒闭银行增至 18 家[N]. 上海证券报,2009 - 03.

[22]朱周良 . 东欧危机扩散 欧元重挫至两个月低点[N]. 上海证券报,2009 - 02.

[23]王云,张莫 . 东欧经济重感冒尚未传染全世界[N]. 经济参考报,2009 - 03.

[24]唐玮,钱秋君,宋鸿兵 . 东欧拖累西欧 第二波金融危机已到来[N]. 华夏时报,2009 - 02.

[25]蒋家华 . 金融海啸第二波路线图渐显,中国不会伤筋动骨[N]. 中国证券报,2009 - 02.

[26]付可 . 香港金管局总裁任志刚:二轮海啸已杀到[N]. 南方都市报,2009 - 01.

[27]第二波金融海啸来袭危言耸听还是危情告急[N]. 国际商报,2009 - 02.

[28]孟庆海 . 学者激辩金融危机第二波 热钱或下半年回流 . 中央电视台,2009 - 03.

[29]宋鸿兵 . 全球金融危机第二波的几大病症[N]. 第一财经日报,2009 - 02.

[30]郎咸平 . 2 月开始第二波危机已袭来[N]. 中山商报,2009 - 02.

[31]低估次贷危机,美联储主席认错[OL]. 人民网,2008 - 11.

[32]孙媛 . 金融危机第二波:各国央行不能承受之重[N]. 证券时报,

2009 - 03.

[33]朱民,边卫红. 中行副行长朱民警告第二波金融危机可能发生. 中国证券报,2009 - 01.

[34]实体经济衰退加剧,金融危机掀起“春季攻势”[N]. 中国证券报, 2009 - 02

[35]兰辛珍. 金融危机对实体经济影响增大[N]. 北京周报,2009 - 01.

[36]刘家义. 国际金融危机影响到我国实体经济的进出口及就业[OL]. 中央政府门户网站,2009 - 02.

[37]金融危机冲击多国实体经济[N]. 北京晨报,2008 - 10.

[38]美国金融危机和实体经济数据为何背离[N]. 第一财经日报, 2008 - 09.

[39]尚军. 欧盟积极拯救金融危机冲击下的实体经济[OL]. 新华网. 2008 - 10.

[40]全球金融危机逐渐影响到我国农村实体经济[N]. 中国日报, 2009 - 03.

[41]丛玫,俞倩. 全球制造业大衰退,金融危机蜇伤实体经济[OL]. 东方网,2008 - 11.

[42]冯强. 花旗银行总裁:金融危机已经蔓延到实体经济中[OL]. 腾讯财经,2008 - 09.

[43]张晓松. 金融危机对中国实体经济产生三方面影响[OL]. 新华网,2009 - 02.

[44]金融危机“入侵”多国实体经济[N]. 广州日报,2008 - 10.

[45]晏琴. 第二波金融危机或许来袭[N]. 中国产经新闻,2009 - 02.

[46]全球经济危机寒流袭扰巴拿马运河[N]. 经济参考报,2009 - 03.

[47]金石. 纸是如何变成钱的[N]. 华夏时报,2009 - 02.

[48]高盛大摩获准混业经营,华尔街投行神话作古[N]. 经济参考报, 2008 - 09.

[49]金融海啸第二波淹至亚洲 巴基斯坦韩国濒临破产[OL]. 中国新闻网,2009 - 03.

[50]高铁军. 美保护主义抬头:裁员先找外国人,购物就要美国货[OL]. 人民网,2009 - 02.

[51]伯南克有信心控制美国的通货膨胀[OL]. 新华网,2009－02.

[52]美国开动印钞机救经济 或引发全球通货膨胀[N]. 环球时报. 2009－03.

[53]贺强. 巴菲特警告美国恐将出现急剧通货膨胀[OL]. 和讯网. 2009－03.

第2章 金融危机引发全球经济大衰退

2008年9月14日，美联储前主席格林斯潘在接受美国全国广播公司采访时说了时下最热门的一句话：

美国正陷于“百年一遇”的金融危机中，这场危机引发经济衰退的可能性正在增大。

泡沫终将破灭

在次贷危机发生的前几年,全球各地的房地产价格几乎都在攀升,俄罗斯、美国和英国等最具代表性。不断疯涨的房价不仅让很多普通百姓"望房兴叹",也让政府部门担心,一旦房市泡沫破裂,会严重影响经济发展进程。

从收入和房价的关系上看,1999 年之前,美国房地产的房价收入比基本上是平稳的。但 2000 年以后房价与收入之比陡然上升,市场形成了泡沫。然而,房价上涨最快的当数俄罗斯首都莫斯科。那里的房价,几乎每个礼拜都会被刷新。

耶鲁大学经济学教授罗伯特·希勒在 2005 年 2 月接受《全球财经观察》采访时说道:

你看看,房屋价格泡沫在全世界的大城市都有,在美国是洛杉矶、纽约、旧金山、波士顿、拉斯维加斯、华盛顿;在欧洲是伦敦、巴黎、哥本哈根、斯德哥尔摩、马德里;更远一点就是莫斯科,还有就是中国——我已经说过,澳大利亚以及加拿大。所以,衰退可能从华丽的大都市产生,这些城市拥有人们想象的故事。的确存在着另一次世界衰退的可能性,但是,不一定就是现在。

泡沫总是会破灭的。美国楼市在 2006 年持续降温,在 2006 年第四季度,全美国的房价平均下跌了 2.7%。据法国全国房地产联合会 2007 年公布的数字,法国平均房价继 2006 年 7 月下降了 0.3% 之后,8 月又下降了 1.1%。该机构当时称,房价连续两个月下降为法国房地产市场近 10 年来首次出现。IMF 前首席经济师拉詹表示:

我们可以感觉到全球房地产市场已经开始有降温的迹象。

自 2007 年以来,美国的房价持续下跌,甚至引发了深重的次级贷危机。房价的逐渐缩水正在改变美国甚至全世界。现在,房地产风暴就像波斯湾沿岸飓风登陆佛罗里达州一样，逐步地扩大、积聚能量，进而有可能形成直逼20世纪30年代的房价颓势。美国的次贷危机将房地产的风险带入世界各地，英国伦敦房价下跌，亚洲越南出现经济危机，楼市股市全线崩溃。投资大师索罗斯在著作中写道：

2000年互联网泡沫破裂和2001年“9·11”事件后，美联储把联邦基金利率降低到1%，并把它保持到2004年6月。这导致了美国的房地产泡沫不断发酵。世界其他地区也能看到类似的泡沫，特别是英国、西班牙和澳大利亚。由于其规模，以及在世界经济和国际金融体系中的重要性，美国的房地产泡沫与其他地区有所不同。西班牙和澳大利亚的房地产市场开始下跌的时间比美国早，但是除了在当地以外并不被外人关注。相反，美国的（次级）抵押贷款证券在全球广泛发行，一些欧洲国家，特别是德国持有的相关证券甚至比美国人自己还多。

据英国媒体2008年11月报道，莱坊发布的全球房价指数报告显示，全球平均房价在2008年第三季度出现首次逆转，与第二季度相比下滑0.3%，表现最差的几个国家包括英国（-4.6%）、拉脱维亚（-6.2%）、挪威（-4.5%）和加拿大（-4.9%）。

2008年8月，独立经济学家谢国忠在其文章《全球房地产进入熊市，香港房价会大跌》中写道：

处在金字塔顶端，受物价杠杆作用支撑的全球房地产价格已经难以为继，不过，现在卖出还不太晚。房利美和房地美碰到了麻烦，这两个总共持有或者担保了5.4万亿美元住房抵押贷款的“半官方”借款人，已经将美国过去十年“信用即财富”的生活方式的脆弱暴露无遗。他们用自己半政府性质的信用评级为那些声称能够降低金融风险的可疑金融创新产品提供担保。而当政府的钱开始撤离，它们就不再是华尔街眼中的阔佬，杠杆作用形成的泡沫无处可藏，接下来的就是一场大破灭。

杠杆比例的上升推动着所有资产的价格都上涨，香港、伦敦、孟买或者纽约，高涨的房地产价格成为经济繁荣的肇因，而这种繁荣又使得其他资产价格上涨。一位香港企业家告诉我：财富带来财富——那些在股市致富的人购买房产，在楼市挣钱的人则投资股票，诸如此类的美丽童话循环往复。然而，并不存在免费的午餐，所有这一切的动力只不过是来自于如金字塔般的债务叠加游戏。

这座金字塔的墙砖就是金融创新产品,持续上升的资产价格在过去几年似乎证明了这种金融创新的正确性,而实际上,这种上涨的趋势应该归功于人们对于金融创新产品的信任,以及由此产生的负债型消费模式下对于风险资产需求的旺盛。而如今一些迹象已经证明,上涨已经难以为继。撤离沉船的巨大愿望使得投资者们的信心丧失,下降曲线可能会比上升时更加陡峭。

最严重的经济衰退

2008年下半年,主要发达经济体事实上都已陷入衰退,预计在2009年,衰退仍将持续,并可能进一步恶化,美、欧、日将同时陷入衰退,这在二战后是极为罕见的。

经合组织预计,其大部分成员国经济2009年都将出现衰退,且在2010年上半年前都难以恢复增长,这可能是20世纪80年代以来发达国家出现的最严重经济衰退。而在主要发达国家中,经济形势最差的将是英国。

世界银行2009年3月8日发布报告说,全球经济2009年将出现第二次世界大战以来首次负增长。同时,危机发源地美国经济衰退难以见底,持续时间将创二战以来最长纪录。

中国人民银行2008年第四季度报告指出:“2008年,随着金融危机从局部发展到全球,从发达国家传导到新兴市场经济体和发展中国家,从金融领域扩散到实体经济领域,全球经济增长明显放缓,国际金融市场动荡加剧,国际经济环境中不确定不稳定因素增多。美国、欧元区、日本均已陷入衰退,新兴市场经济增速明显放缓。”

曾担任国际货币基金组织的首席经济学家肯尼斯·罗格夫在其文章《美国已经失去了运气吗》中写道:

在1950年以前,单年总产量削减15%至20%很平常(得承认国家收入的计算那时候更原始)。许多学院派经济学家表示,我们应该像过去做过的那样,咬牙挺过去就可以了。衰退有重要的清理效果,可以帮助推进棘手的重组工作。

但今天的社会、经济和政治体系——至少在发达国家内——无力承担和平时期内短期产量削减15%至20%。美国联邦储备银行现在采取的立场,即实施大规模刺激和进行干预,是不可避免的。人们只能希望国家摆脱这种经济形势的速度能比卷进来的时候快一倍。不论如何,刺激和重组显然可能会起作用,这让人更有理由希望正在加深的衰退不会变成彻底的萧条。

美国可能是在全球金融危机中受害最重的地方,但是被自我怀疑撕裂的绝非仅此一国。英国、爱尔兰、西班牙都面临着同样强度的金融危机。一些依赖能源出口的国家,尤其是俄罗斯和委内瑞拉这样的国家正经历着更严重的能源出口削减。即使曾经是坚不可摧的中国,也必须仔细考虑增长率可能会减缓的问题。欧洲和日本还没有经历美国这样复杂的金融困境,但这些地区也陷入了衰退。全球的经济正处于困境之中。

但是,就像繁荣时期的乐观者过于乐观一样,深度悲观者预言萧条已经逼近也许太过悲观。2009年将是艰难的一年。然而,虽然不足以燃起熊熊大火,但2010年还是很有机会在美国、欧洲和日本看到经济恢复带来的微弱增长,也许还有最新兴市场里面的强劲增长。美国经济也许已经丧失了许多运气,但若要卷入第二次世界大萧条,它所需要的坏运气和政策失误还远远不够。

同时,国际货币基金组织(IMF)2009年3月发表报告说,2009年世界经济将下降0.5%至1.0%,为60年来首次负增长。IMF在这份提供给二十国集团的分析报告中说,尽管许多国家都出台了大规模经济刺激计划,但全球贸易仍在继续萎缩,制造业和就业数据都显示,世界经济在2009年第一季度继续收缩,而2007年第四季度世界经济下降了5%。

2009年3月,国际货币基金组织副总裁波图加尔在中国发展高层论坛2009年会学术峰会上表示:

目前国际货币基金组织对2009年经济衰退的预期是,全球经济衰退会进一步加深,经济的恢复将在很大程度上取决于各国政府是否能够果断有力地采取措施改革金融机构和金融体系。

这是一次非常严重的经济下滑和衰退时期,而且在我们看来,这是发达经济体和很多新兴经济体都同时出现经济下滑或衰退的迹象。

美国经济在2009年陷入衰退几乎已成定局。2008年第四季度美国国内生产总值(GDP)折合成年率为下降6.2%,为1982年的经济衰退以来最严重的滑坡。2008年12月1日,美国国家经济研究局(National Bureau of Economic Research)正式确认美国处于经济衰退之中,并确定此次衰退始于2007年12月1日。

2009年2月,标准普尔首席经济学家大卫·维斯在接受《21世纪经济报道》采访时说道:

我们认为,此次衰退刚刚进入严重阶段,2008年第四季度和2009年第一季度可能将是经济最为糟糕的阶段。美国经济可能将在2009年中期触底,这意味着此次衰退持续时间之长可能为二战以来之最。

虽然如此,我认为此次危机的影响深度或许不会太大,可能仅与平均水平一致,只不过由于持续时间较长,经济可能需要较长时间的恢复才能步入正轨,而不会一蹴而就。

由于全球所有经济体都不同程度地遭受打击,因此此次衰退可能是现代史上全球最为同步的一次。尽管在危机之初,欧洲似乎认为这场危机只是美国的问题,但目前来看,欧洲地区国内生产总值(GDP)的降幅已经超过美国。我们认为,2009年欧洲将继续面临经济衰退的挑战,而且如果与美国进行比较的话,可能其持续时间更长,但影响深度较小。

日本GDP已经连续两个季度出现负增长。很显然,日本经济已经处于衰退之中,并可能将维持衰退态势。即便对那些表面上来看能够免于陷入经济衰退的国家(如中国)而言,现在即使没有出现衰退,但也面临经济严重放缓的迹象。

高盛(Goldman Sachs)的经济学家们预计,2009年第一季度美国GDP或下降7%,第二季度将下降3%,进而导致失业率进一步上升。

欧元区经济、日本经济等发达经济体和部分新兴市场经济体在2009年的增长前景也不容乐观。

独立经济学家谢国忠在接受央视《经济半小时》节目采访时表示:

从数字上来看应该是去年(2008年)第四季度跟今年(2009年)第一季度全世界都是最糟的,这是世界经济硬着陆。可能到了第二季度,第三季度的话世界经济稳定了,但稳定的主要原因是经济下滑的话,它自然有底的。

2009年第二季度和第三季度，由于存货消耗和投资下降会有自然的谷底，因此世界经济会在第二和第三季度趋于稳定，但这并不意味着世界经济从此步入正轨。

稳定我觉得跟复苏是另外一回事，过去我们这20年，复苏都是由金融带动的，既然降息了之后金融火爆，然后引起了消费火爆，然后呢出口上升，然后全世界经济又火爆起来了，现在看来是不太可能的，因为西方的消费者的话，那个负债率都很高的，所以它去杠杆化是一个比较漫长的过程，所以西方的消费要火爆起来的话，这是不太可能的。

2009年3月，商务部部长陈德铭在接受英国广播公司专访时表示，世界经济增长短期内可能会探底，但可能不会马上复苏。陈德铭说道：

有人以为今年(2009年)年底全球经济会复苏，也有人觉得奥巴马政府上台后采取了很多措施，美国经济可能会好转。我当然也希望这样，但是我觉得美国也很困难，既要救金融又要救实体经济。从我个人的看法来讲，世界经济增长短期内可能会探底但可能不会马上复苏。对此，中国也要做好应对挑战的准备。中国已经有一千多万在沿海城市打工的农村劳动力失去了原有工作，又回到了农村。所以我觉得中国必须进一步开放，和世界其他国家同舟共济来渡过难关，这也是我们为什么在这么困难的情况下还要推动企业到欧洲来采购的原因。

失业潮随之到来

2006年，美国资本经济咨询公司首席经济学家保罗·阿什沃思就曾表示，自2001年美国经济复苏以来，新创造的就业岗位中有30%(140万)与房地产市场的繁荣有关。照此推理，由于房市降温，未来一年(2007年)美国企业每个月可能要削减7.3万个工作岗位。果然，当次贷危机来临之后，失业潮也就随之到来。

美国劳工部2009年2月公布的数据表明，到2009年2月初，美国申领正常失业救济的总人数正在靠拢499万大关。另据统计，全美另有一百五十万人正在领取政府的扩大失业补偿金，这是依据美国国会在去年(2008年)批准的一项法案。如果将两者加起来，美国在2009年2月7日那一周，实际申领失业救济款项的人数已经达到654万人。

可以看出，此次金融危机的冲击重点不是企业而是消费者，房价持续下跌和失业问题使得消费者遭受重创。经济学家平均预计，美国失业率将因衰退升到8.4%的峰值。虽然二十世纪七八十年代都曾出现高于这一数字的失业率，但它毕竟较2007年3月4.4%的低点上升了4个百分点。

美国总统奥巴马在一次演讲中也表达了他的忧虑：

我们数百万的公民每天晚上会半夜醒来，为是否能支付起账单、保住房子、为退休存下足够的钱感到担心。

金融危机爆发以来，许多银行倒闭，金融类相关机构裁员。2008年10月以来，花旗集团计划使员工总数相对于高峰时减少20%，高盛计划将其全球3.25万名员工裁去10%，沃尔沃全球裁员4000人，等等。裁员较多的基本上都是跨国企业，裁员基本也是针对全球的。全球经济衰退使得各国的失业率也在不断高升。国际劳工组织发表报告说，到2009年年底，全球经济衰退可能使大约5000万个工作岗位流失。

中国的情况也不乐观，大学生就业难、农民工返乡潮在2009年尤其突出。中央农村工作领导小组办公室主任陈锡文表示："由于金融危机的影响，过去主要从事外贸的企业遇到了一些生产上的困难，所以确实有相当一部分的农民工失去了他的就业岗位。"据农业部的一次抽样调查结果显示，2009年共有2500万名农民工就业面临很大压力。

2009年2月，国务院总理温家宝在与网友交流时说道："无论是农民工就业，还是大学生就业，以及城镇零就业家庭就业，都时刻摆在我心里。因为我认为就业不仅关系一个人的生计，而且关系一个人的尊严。"

据人民网报道，国际劳工组织（ILO）总干事胡安·索马维亚表示，根据该组织的评估：

到2009年年底，（全球）失业人口将从2007年的1.9亿增加到2.1亿。

这是"（全球失业人口）历史上第一次突破2.1亿关口"，也是10年来全球失业人数首次突破2亿人。

国际劳工组织还表示，经济增长放缓，会使东南亚国家失业率提高，损害该地区的竞争力。东盟在一份报告中称，到2009年，东盟十个成员国的失业率会从2008年的5.7%上升至6.2%。索马维亚表示：

这不仅仅是华尔街危机，这是全球性危机。我们需要为劳工家庭和实体经济推出一个经济拯救计划，推出相关的政策和规定以创造就业岗位。

失业不仅是个经济问题，而且是个社会问题。

2009 年 3 月，国际货币基金（IMF）总裁卡恩在日内瓦召开的会议中说：

情况依然令人极度担忧且困难，这是全球经济 50 多年来的最大的挫折。眼前危机将严重影响到许多国家的就业状况。这将成为社会动乱的根源，为民主政治构成威胁，而在某些情况下可能会以战争结束。

他呼吁各国政府，不要使危机恶化成数百万名工人大规模长期失业。他说："绝不可使危机造成失业的洪潮。"

"通胀大屠杀"

在美国房地产市场泡沫破灭引发次贷危机后，美联储将基准利率下调至零附近，并向信贷市场注入超过 1 万亿美元资金。美联储支持抵押贷款市场和消费者信贷的项目已使其资产负债表规模猛扩至 2 万亿美元左右，到时美联储想要放弃这些项目将面临困难，从而导致通货膨胀风险。

根据美国的《联邦储备法》，经济危机时期，美联储拥有无限发行货币、向任何人放贷的权力，无需国会批准。自金融危机深化以来，美联储一直在运用这一权力以堪称"激进"的方式挽救美国经济。经济学家担心，"印钞票"产生的最直接的后果就是美元贬值，并为未来通胀埋下祸根。

2009 年 3 月，美国总统奥巴马签署了总额高达 7870 亿美元的经济刺激计划来复苏美国的经济。美国总统表示，他希望在已经派发的 7000 亿美元之外以更多的资金来支持金融业的发展。

据《泰晤士报》2009 年 3 月 2 日刊登的文章称，投资大师巴菲特在给让股东们期待已久的年度信件中表示：

以前用杯子来装的经济药物现在改用桶装了，这些曾经被认为不可思议的剂量不可避免地将会带来不受欢迎的副作用。它们的本性是每个人都可能猜到的，其中一个可能的后果就是出现急剧的通货膨胀。

管理世界上最大的债券基金的太平洋投资管理公司赞同投资者巴菲特

及马克费伯关于通货膨胀的预测，这对国债投资者是个预警。

投资大师罗杰斯警告，现时的救市方案将会令政府负上更多债务，亦令各央行印更多银纸，以及令市场的资金的流动性过分充裕，当金融海啸完结后，会同时令通胀大幅升温。他认为，世界经济走出金融海啸后，同时将出现一个巨大的“通胀大屠杀”现象。

显然，在全球化的大背景下，美国的通货膨胀必然会对世界经济造成影响。美国一些学者指出，由于一些亚洲国家实际上仍然采取与美元挂钩的政策，因此美联储采取的过于宽松的利率政策不可避免将导致全球性的通货膨胀上涨，因此可以说美国正在向国外输出自己的通货膨胀。

肯尼斯·罗格夫认为，美国现在是全球通货膨胀的中心地点。他在文章《检讨全球的通货膨胀》中写道：

美联储面临着房价崩盘以及信贷市场危机在国内爆发的双重压力，一直大幅度降息以试图避免经济衰退。

然而，如果不是如此多（从中东到亚洲）的其他国家将它们的货币与美元挂钩，美国的通货膨胀或许会得以控制。尽管其他国家，例如俄罗斯和阿根廷并不实际将其货币与美元联系，但是它们试图让货币波动平缓。结果，无论何时美联储降息都让整个“美元区”国家紧随，要不然它们的货币会由于投资者寻求高回报而升值。美国松弛的货币政策因此就大幅度确定了全球经济通货膨胀的速度。但是，中东和亚洲的大多数国家经济要比美国的更为健康，鉴于大多数新兴市场经济国家的通货膨胀已经大幅度上升，因此，由美国带来的激进货币刺激是它们最不需要的东西。

欧洲央行目前保持稳定，但是连它也可能压制提升利率，部分原因是担心已经处于创纪录水平的欧元继续升得更高。而且欧洲央行担心，如果美国的衰退波及他国，它或许不得不转变政策，开始降息。

投资大师罗杰斯同样表示，人们应该为通胀做好准备，因为在商品供应受到压制的时期，世界各国政府都在印钞票来推动经济增长。他说道：

我们将迎来非常严重的通胀，我希望我能知道它发生的准确时间。

本章参考文献

[1]张兴慧．金融危机伤了欧盟兄弟的和气[N]．中国青年报，2009－03.

[2]张碧弘．金融危机考验欧盟[OL]．新华网 2009－03.

[3]尚军．保护主义倾向加深东西欧隔阂[OL]．新华网 2009－03

[4]尚军．东欧国家寻求联合遏制西欧保护主义威胁[OL]．新华网 2009－03.

[5]尚军．经济观察:东欧经济之痛[OL]．新华网 2009－02.

[6]东欧经济恶化 两国主权评级大降[N]．明报,2009－02.

[7]东欧经济衰退或将引发第二波金融危机[N]．中国青年报，2009－02.

[8]东欧金融岌岌可危 西欧北美胆战心惊[N]．中国青年报，2009－03.

[9]俄罗斯经济倒退 5 年 乌克兰濒临国家破产[N]．中国青年报，2009－03.

[10]倪金节．东欧经济到了最危急的时刻[N]．新京报,2009－03.

[11]乌克兰经济岌岌可危[N]．英国《金融时报》,2009－03.

[12]贺艳燕,编译.《经济学家》:东欧的塌陷将拖垮整个欧洲[N]．上海证券报,2009－03.

[13]杨涛．东欧经济不至于陷入 97 东南亚境地[N]．新京报，2009－03.

[14]金融危机主战场移师欧洲,东欧信用危机一触即发[N]．信息时报．2009－02.

[15]石贝贝．中东欧受袭:金融危机骨牌还剩几张[N]．羊城晚报．2009－03.

[16]国纪平．初析国际金融危机:过度创新与金融风暴[OL]．新华网，2008－11.

[17]程明霞．拯救东欧,钱不是万能的[N]．经济观察报．2009－03.

[18]金蓓蕾 . IMF 总裁卡恩:更多国家将要求援助[N]. 东方早报,2009 - 02.

[19]赵刚 . 东欧:“金融海啸”第二波[N]. 第一财经日报,2009 - 02.

[20]李稻葵 . 未来两年将出现世界性金融危机 . 新财富,2008 - 01.

[21]IMF 总裁:金融危机的影响新兴市场国家难幸免[N]. 经济参考报,2008 - 10.

[22]赵刚 . 新兴市场国家金融危机:多米诺骨牌已倒下[OL]. 人民网,2008 - 10.

[23]谢鹏,金旼旼,韩洁 . 直面金融危机:新兴市场的挑战与应对[OL]. 新华网 2008 - 11.

[24]谢国忠 . 全球房地产进入熊市,香港房价会大跌[J]. 环球企业家,2008 - 08.

[25]钟龙 . 预测 08 - 房价:高贷款利率与急涨骤跌的双重折磨[OL]. 中国网 . 2008 - 01.

[26]薛蒙 . 美国房价 11 年来首次下跌 有可能拖累全球经济[N]. 环球时报,2006 - 09.

[27]罗伯特 · 希勒 . 全球面临资产泡沫风险衰退可能[J]. 全球财经观察 . 2005 - 02.

[28]姚雨杉,欧红,章念生 . 全球房价疯涨,各国头痛无良策[N]. 环球时报 . 2006 - 04.

[29]易宪容 . 房价下跌才能扩内需[J]. 英才,2009 - 02.

[30]茅于轼 . 若没有失业,金融危机并不可怕[N]. 南方日报,2008 - 11.

[31]全球 2000 万人可能因金融危机失业,贫富或更加悬殊[N]. 广州日报,2008 - 10.

[32]陈晋 . 美国经济危机的两个成因[J]. 财经,2009 - 02.

[33]邱江波 . 美国再次面临失业、通胀双重困境[OL]. 中国新闻网,2009 - 02.

[34]孙立平 . 危机提出了一个真正的问题[N]. 经济观察报,2009 - 02.

[35]IMF 总裁:经济悲惨 恐以战争结束[N]. 国际财经时报,2009 - 03.

[36]木风. 失业问题是否会引起中国社会动荡[OL]. 美国之音中文网 2009-02.

[37]何满译,罗格夫:检讨全球的通货膨胀[N]. 中国经营报 2008-03.

[38]向松祚. 剖析当今全球通胀五个基本特征[N]. 第一财经日报, 2008-08.

[39]王鑫方. 二战后首次:全球经济将负增长[N]. 解放日报, 2009-03.

[40]罗格夫. 美国已经失去了运气吗[N]. 中国经营报,2009-01.

[41]欧元区"正式"陷入衰退 经济大国无一幸免[N]. 劳动报, 2008-11.

[42]西方大国集体陷入经济衰退[N]. 新京报,2008-12.

[43]马俊. 全球衰退真相:资产负债表陷阱[N]. 第一财经日报, 2009-03.

[44]史蒂芬·罗奇. 后泡沫时代的全球衰退[J]. 商务周刊,2009-02.

[45]刘洪,胡芳. IMF 称世界经济将出现 60 年来首次负增长[N]. 中国证券报,2009-03.

[46]美经济去年已陷衰退 或为二战以来最严重一次[OL]. 中国新闻网. 2008-12

[47]张伟. 罗杰斯:银行破产是解决金融海啸最佳方法[OL]. 和讯网. 2008-10

第 3 章
金融危机真相

泡沫就像一个幽灵，游荡在地球村，骚扰着众多人的生活。美国前期过于宽松的利率政策，刺激了房地产的价格泡沫。在后期加息周期下，房地产泡沫破灭，导致相关资产价值缩水，抵押贷款违约率上升，最终引爆危机。2001 年度诺贝尔经济学奖得主斯蒂格利兹指出：

次贷危机是对上世纪（20 世纪）90 年代以来经济泡沫的调整。

格林斯潘:制造泡沫

美联储前主席艾伦·格林斯潘(Alan Greenspan)曾被誉为“拯救了世界的人”。格林斯潘当了19年美联储主席,辅佐过4位美国总统。因其位高权重且又在任期间屡创经济奇迹,美国《时代》周刊曾将他评为“全球最有影响力的当代伟人”,一些媒体称他为“经济学家中的经济学家”。有意思的是,1996年和2000年两届美国大选,媒体公然宣称:“谁当总统都无所谓,只要让格林斯潘当美联储主席就行了。”2002年,格林斯潘的声誉达到顶峰,在英国领受“爵士”封号。他最忠实的拥趸——现任英国首相戈登·布朗(Gordon Brown)——称格林斯潘得到这项嘉奖是因为他促进了“经济稳定”。

2006年1月31日是艾伦·格林斯潘担任美国联邦储备委员会(美联储)主席的最后一天。这一天,他主持召开了美联储2006年第一次货币政策决策会议,将联邦基金利率从4.25%提高到了4.5%。这一天离格林斯潘的80岁生日只有33天。到这一天为止,格林斯潘担任美联储主席一职已经18年5个月20天。

2008年10月23日早上10时,Rayburn众议院大楼里,三位曾经风光无限的前财政高官出席作证。在这个由众议院政府监督与改革委员会召开的听证会上,众议员要搞清楚,究竟谁该为这场危机负责?格林斯潘这位过去被视为美国乃至全球市场“定海神针”的财神爷,今天也跌落凡间,面对质问。

82岁的美联储前主席格林斯潘否认美国金融危机缘于他的政策失误,但坦承危机的发生证明他某些经济观念有误。他破天荒地承认缺乏监管的自由市场存在缺陷。

这也正是令我感到震惊的原因,因为在过去的40多年中,很多有力的证据说明自由市场体制运行得非常顺利。

格林斯潘在听证会上辩解说:

我们不能期望完美，尤其是那些需要预测的领域。美联储对于经济运行规律的预期本身就是一门不精确的科学。如果我们的预测有60%准确，那意味着我们还有40%的概率犯错误。

被称为格林斯潘对手的弗莱肯施泰因在接受腾讯财经采访时指出：

格林斯潘的错误有三点。一是一直把利率降得太低，制造大量的流动性；二是让大家认为只要生产率高，股票市场就会涨，在房地产泡沫时代，一直告诉投资者和政府，房地产是没有泡沫的，等于是在鼓励大家积极地投资这个市场；三是监管方面没有做好，最大的错误是没有监管好华尔街的投资银行。

2000年，科技股泡沫的破灭促使美联储进入了降息周期；而正在降息开始发挥作用的时候，"9·11"事件又使美联储在降息空间本已有限的情况下再度降息。或许正是这个时期埋下了这次次债危机的隐患。弗莱肯施泰因说道：

格林斯潘认为"9·11"是引起美国金融危机的原因，其实这不是原因，而是个理由。证券市场早就崩盘了，监管层什么教训也没有吸取到，也没有经过反思，而且马上从股票衰退到"9·11"，然后又进入房地产的泡沫。降息的政策并不是全错，因为"9·11"发生以后只对航空公司和股票市场有很大的影响，对别的行业影响并不大。错误的一点是他们没有在（2000年，科技股）股票泡沫爆掉以后，从中吸取教训。

知名经济学家向松祚认为："当然，格林斯潘有两大错误：一个是2002—2003年货币政策过度宽松，一个是长期忽视或完全不监管金融创新、不监管对冲基金、不监管信用违约掉期（CDS），结果惹了大祸。"

美国布鲁金斯学会高级研究员胡永泰在接受《南方周末》采访时说道：

美国的中央银行——美联储在制定货币政策时，不再看经济的全面情况，而主要看CPI（消费价格指数），CPI中不包括金融产品和房产的价格。CPI涨的时候，他们加息，CPI跌的时候，他们就降息。

这是一个非常深刻的变化，是1980年代以来经济学思潮变迁的直接后果。当时，自由放任的观点开始成为主流，人们相信，金融市场是所有市场中最好、最有效率的市场，它吸引足够多的参与者，通过充分竞争实现资源配置，进行自我校正和自我管理。有一年，诺贝尔经济学奖授予了三位研究金融市场的经济学家，他们基本认为，金融市场上的价格上升不是泡沫，而是效率的体现。

既然金融市场可以自我管理，资本管制要最小化，那么美联储就不必管金融产品的价格，盯住 CPI 就可以了。艾伦·格林斯潘（被认为是世界上最好的中央银行家）就是这么做的。1990 年代，当美国的物价水平由于效率的提高而降低时，他连续降息。大量的钱流入市场，这些新涌入的钱不是被用来消费，而主要用来购买金融产品或房产，这就使泡沫开始出现。

2000 年互联网破灭时，虽然格林斯潘使用了“非理性繁荣”的定义，但为了避免危机扩散到传统领域，他却继续增加货币供应。

在郎咸平眼里，美联储主席格林斯潘是个非常没水平的老头：“因为他只盯紧通货膨胀率本身以及劳动力价格指数，并采用了低利率政策。”这时候金融炒家便开始鼓动美国人超前消费。郎咸平说道：

本来你一个月的收入只有 2500 美元，但他（金融炒家）却鼓励你买 10 万美元的房子，外加 1 万美元的汽车、1 万美元的冰箱和 1 万美元的电脑。只要是泡沫，就终究要破灭。格林斯潘发现形势不对，利率一提高，泡沫破灭了，金融危机也随之而来，而金融炒家从中攫取了巨大的利益。

2008 年度诺贝尔经济学奖获得者保罗·克鲁格曼表示：

我认为，其实格林斯潘创下了一个历任央行行长绝无仅有的纪录：在他的任期内，美国市场上发生了两场大规模的资产泡沫，先是股市泡沫，后是房市泡沫。

摩根斯坦利亚洲区主席史蒂芬·罗奇曾这样说道：

我不想针对某个特定群体下这个结论，许多人都负有责任。监管者、华尔街精英、老百姓、国会、总统，每个人都身处其中。但如果非要我指出一个失职者，那么我会说是美国的央行。

（格林斯潘）他领导了美国央行 18 年零 6 个月。在格林斯潘领导美联储的 18 年零 6 个月里，资金和风险成本太低，这种状态持续的时间太长。美国人需要更严格的央行调控，让央行行使本该行使的职责，那就是设定一个合理的资金和风险成本。

经济学家杰里米·格卢克(Jeremy Gluck)曾写道:

在艾伦·格林斯潘去世后,他的墓碑上会这样写道:"我对下一个世界抱有谨慎乐观的态度,但仍意识到降息所带来的风险。"

房价是上涨中的"庞氏骗局"

从2001年开始,美国住房贷款发放额连续三年大幅提高。美国住房需求空前旺盛,从2001年到2005年,美国住房销量连年创新高。在巨大需求的拉动下,美国房价也开始攀升。从2002年开始,美国房价进入快速上升时期。房价的上升,使购房者产生了"追涨"心理,使住房需求市场更加旺盛,价格继续攀升。仅在2004年6月至2005年6月,美国房价就上涨了13.43%。这是一种典型的庞氏骗局。

庞氏骗局是一种最古老和最常见的投资诈骗,这种骗术是一个名叫查尔斯·庞兹的投机商人"发明"的。庞兹策划了一个阴谋,骗人向一个事实上子虚乌有的企业投资,许诺投资者将在三个月内得到40%的利润回报,然后,庞氏把新投资者的钱作为快速赢利付给最初投资的人,以诱使更多的人上当。由于前期投资的人回报丰厚,庞兹成功地在七个月内吸引了三万名投资者,这场阴谋持续了一年之久,才让被利益冲昏头脑的人们清醒过来,后人称之为"庞氏骗局"。简单说来,"庞氏骗局"是指用后来的"投资者"的钱,给前面的"投资者"以回报。

《非理性繁荣》一书的作者罗伯特·希勒指出:

资产泡沫是一种没有人操纵的、自然的"庞氏骗局",只要不断地有傻子加入进来,人们就会不断赚钱。但傻子总是有限的,到了最后必然会全盘崩溃。

房地产供需过程中也很容易发生庞氏骗局,住房市场容易出现这样一个循环:从众的购房理念——带动住房需求和价格的攀升——带动房地产商的利润期望——进一步推高了房屋价格——消费者认为房屋是不会贬值的投资品而追高购买,这样供需关系使得价格不断提高,直至某一天购买房屋的资金难以为继时,房产价格将应声而落。

之所以会发生“庞氏骗局”，则是因为羊群效应。世界著名经济学家金德尔伯格在《金融危机史》（2006）中不无讽刺地表示，金融市场的各种“理性”行为可能导致整体的非理性，即出现“囚徒困境”，实际上是丧失了对现实和理性的感觉，甚至是某种近似于集体的歇斯底里式疯狂。

从2001年到2005年，美国住房市场在长达5年的时间里保持繁荣，一些银行等放贷机构纷纷降低贷款标准，使得大量收入较低、信用记录较差的人加入了贷款购房的大潮，成为所谓“次贷购房者”。

2008年度诺贝尔经济学奖获得者保罗·克鲁格曼在其著作《萧条经济学的回归和2008年经济危机》中写道：

随着房价不断上涨，一切似乎都没有问题，这场“庞氏骗局”继续展开。借款人违约的情况很少，住房抵押贷款证券的收益率很高，大量资金源源不断地涌入房地产市场。包括本人在内的一些经济学家警告说，房地产市场存在大泡沫，一旦泡沫破裂就会给美国经济带来严峻风险。但权威人士则宣扬另一套说法。格林斯潘宣称，房价的任何大跌都是“极不可能的”。他承认，一些地方性房地产市场上可能有些“小泡泡”，但不存在全国性的泡沫。但格林斯潘说错了，而且这个泡沫在2006年开始破裂，一开始比较慢，后来越来越快。

凯恩斯几十年前就说过：

市场偏离理性的时期总是比人能接受的时期来得长。

这话是说市场非理性的繁荣总会超出人们的预期。

虽然格林斯潘在1996年就提出了“非理性繁荣”的警告，但其货币政策出奇的宽容，直到1999年9月以后才逐步加息到5%的正常利率水平。一年后，美国股市泡沫破灭，经济陷入衰退。这本来是矫正美国经济泡沫的大好机会，但格林斯潘却通过降息强制启动美国经济增长。经济学家卢锋认为：

从经验比较的角度看，世纪之初的大降息确有异常之处。为了应对互联网泡沫破灭和“9·11”事件的影响，美联储从2000年7月开始到2003年7月将联邦基金利率从6.5%降到最低时的1%，并将1%的利率维持了一年之久。

“二战”以后的50多年之中，美联储的联邦基金利率经历了12次升息和降息。其中20世纪70年代的升息和80年代的降息力度非常大。20世纪70年代，在石油危机的影响下，西方世界出现了持续的、严重的通货膨胀。为了应对这种局面，美联储进行了大幅度升息，联邦基金利率上升到接近20%，才最终控制住了恶性通胀。此后，联邦基金利率在80年代下降到4%以下，绝对降息幅度超过15个百分点。相比于美联储的历次降息绝对幅度，世纪之初的降息绝对幅度为5.5个百分点，远不及80年代的绝对降息幅度，与其他降息行动相比也没有明显的异常之处。

在低利率的带动下，美国的企业与家庭开始大量贷款对房地产进行投资，出现了供销两旺的局面。由于房地产市场的财富效应，这导致2000年以来美国房地产价格出现全面迅速的上涨，为历史罕见。过去4年多美国平均房价涨幅已超过50%，而过去半个多世纪美国全国平均房价涨幅仅为5.5%。即使房价高涨，美国人拥有房产的诱惑仍难以抗拒。

FreddieMac房地美的一份次级贷款调查报告显示，只有19.7%次级贷款是为了购房，其余贷款的目的大多是为了重新融资，或是为了以房产为抵押扩大消费信贷。然而，这些次级贷借款人却很少了解房价市场波动的风险，多寄希望于房产升值，却很少了解重新融资潜在的住房市场风险、利率风险，这就为今天次贷危机埋下了隐患。

当宏观经济处在上升周期，房地产市场良好时，借款人还可以按期还贷，次级抵押贷款证券也可以有稳定的收入流，来保障证券投资的收益。问题出在经济环境发生逆转或波动时，如美国经济增长放缓，利率上调导致借款人偿还能力下降，使借款人无法靠房产增值、重新融资来减轻债务负担。

为防止市场消费过热，2005年到2006年，美联储先后加息17次，利率从1%提高到5.25%。于是，2007年7月的还款期高峰见证了次贷危机的集中爆发。还不起贷款的美国人搬离自己的家，而遭受重创的房地产市场拖垮了次贷机构。接着，购买了次债的投资银行与商业银行遭受巨额亏损。全球开始逐渐感受华尔街带来的震荡。

资产证券化的缺陷

2007年，中国银监会高级经济师李伏安在接受《中国证券报》采访时表示,正在肆虐的美国次级债抵押贷款危机,很大程度上是由资产证券化产生的风险放大效应导致的。

李伏安说道,在过去五年,全球金融业增长已经大大超过实体经济增长速度,增速是后者的8倍到10倍左右。这是现代金融工具带来的全球资产证券化的一个重要特征,就是金融资产的快速膨胀。

2008年度诺贝尔经济学奖获得者保罗·克鲁格曼在其著作《萧条经济学的回归和2008年经济危机》一书中写道:

由于一种金融创新的出现,次级抵押贷款也可以被证券化了,这一创新就是抵押债务债券(CDO)。抵押债务债券以一个抵押贷款群组的还款为基础,购买抵押债务债券的投资者可以获得这笔还款收益的份额。但并不是所有的份额都是平等的。一些份额是"高级的",其所有人可以优先索取买房人交纳的还款。在他们行使了这些优先权之后,剩余的钱才分给级别较低的份额。因此,原则上看,这些优先份额应当是一种十分安全的投资,因为就算一些抵押贷款借款人违约,其人数也不至于那么多,以至于影响分给这些优先份额的现金流(后来证明这是很可能的,但当时人们没有认识到这一点)。所以,虽然这些代表优先份额的抵押债务债券也是以很不安全的抵押贷款为基础的,但评级机构愿意把它们评为AAA级资产。这么一来,次级抵押贷款便开始得到大量融资,因为许多机构投资者(如养老基金)只肯购买AAA级证券,而且非常愿意购买收益率大大超过普通债券的AAA级资产。

被《纽约时报》称为"新末日博士"的鲁里埃尔·鲁比尼认为,从统计数字来看,从2004年开始,可以看到按揭贷款的证券化也在放宽,资产证券化也出现了问题。鲁里埃尔·鲁比尼在2008年5月陆家嘴论坛演讲时表示:

资产证券化有什么样的缺陷呢?它的最大问题在于发售信贷的时候,这些信贷本身的质量已经很有问题了,造成了不良贷款。比如说原来的按揭贷款都是银行来发放的,所以银行会去调查申请按揭客户的资信情况。但是现在是由投行来承销资产证券化的产品,比如说把一些次债组合成其他的工具,然后再出售给投资者,投资者最终所面对的是非常复杂的难以看懂的投资工具,而这样的投资工具定价并不是说盯住市值来进行定价的,而是根据所谓高深的计算原则算出来的,所以很难确定。他所购买的这些投资工具的价值，超越它的知识范围，也很难来评估这些投资工具的风险。所以说所谓新的风险分散的模型，通过把资产证券化，把资产证券化以后的产品变成一种固定收益类的产品，看上去似乎很美，但是实际上并非如此。我们要来思考一下这种做法会带来多少的负面效应。

不断进行的证券化操作使得信息不对称，2009年2月，在第二届上海金融论坛上，申银万国副董事长、总裁冯国荣演讲道：

通过几次的开发，造成了它的发起人、受托人和投资人，这三者关系都处在一个信息不对称的角度，这是世界最大的风险源。

东方证券董事长王益民认为：“美国次贷的成因不是金融产品本身出了问题，而是实体经济出了问题，房屋的供需不平衡引发的。资产证券化产品的初级设计肯定没有问题，是二次方、三次方设计的时候风险扩大了。”

银监会研究局副局长范文仲在接受《上海证券报》采访时说道：

近年来金融创新的着眼点不是通过增加信息透明度来降低信用风险，而是期望通过资产证券化等方式在全球范围内分散风险，其结果恰恰加剧了交易者间信息不对称的矛盾，增加了信用风险。近30年来，随着金融全球化的发展，各种金融产品可以在世界范围内广泛交易，金融创新的结果是买卖的链条越拉越长，分散的范围越来越广，交易完成后，最终的投资者和最初的借款人之间已经相隔万水千山，彼此毫不了解。

银监会纪委书记王华庆认为：“美国次级债就存在严重的信息不对称，有关次级房贷的大量真实信息存在于贷款公司和经纪公司，证券化以后风险转移给了市场，但信息并没有很好地传递给投资者，投资者完全依靠评级公司来定级，而评级公司的评级又出了很大的问题。”

美国布鲁金斯学会高级研究员胡永泰在接受《南方周末》采访时表示，也正是因为华尔街的制度有错误，从而导致受托人和投资人之间信息的不对称。胡永泰说道：

在市场的设计中，华尔街上的公司把按揭贷款打包成各种债券进行出售时，有多道安全闸，其中最重要的两道是评级机构和住房贷款担保机构（房利美和房地美）。

债券在出售前要进行风险评级，如果评级不好，债券是无人问津的。

一般认为评级公司会公正行事。但这里出了问题。评级机构评级是收费的，债券卖得越多，他们收入越多。在利益动机驱使下，他们甚至指点金融机构如何把不同级别的债务打包，以使债券评级更高。正是由于他们放松了标准，过高评估，才使得大量次级按揭债券获得安全评级，被保险公司和退休基金这样谨慎的机构投资者大量购买。

房利美和房地美早就怀疑评级有问题，但他们的任务是让更多的人可以买房子，“我们做我们该做的。”对次级债他们并没有拒绝担保，甚至更深地卷入其中。

既然按揭贷款一发放出去就可以证券化，风险分散到金融市场上的各个环节，房贷公司和银行的理性选择显然是贷款越多，收益越多。为了贷出去更多，他们停止评估贷款人的收入能力。

在房地产市场一片繁荣时，经营次级债券是有利可图的大买卖，这次出事的雷曼兄弟就是规模最大的——为了取信市场，他们总是卖一部分，自己手上留一部分。旧的卖完，还有新的，直到问题爆发。

问题一定会爆发的，因为这些次级债券的价值是假的，它们不值那么多。

不幸的是——泡沫出现。于是危机发生了。

乐观消费：个人高负债

美国人舍得花钱，这一点从他们收入高而银行储蓄率低的现象可以看出。美国个人储蓄率一直较低，而且越来越低。1995 年的储蓄率约为 4% 至 5%，2005 年降至负数，而到 2006 年 12 月份已连续第 21 个月呈负数。储蓄率负增长表明美国人不仅将全部税后收入用来消费，而且还动用了以前的储蓄或是贷款。

美国的消费和投资实质是建立在很高的负债（即高杠杆）基础上的，是建立在以负债购进的资产未来价格上升预期之上的。据统计，2007 年，美国家庭负债占美国 GDP 的 95% 以上，企业负债占 GDP 的 70%，金融企业达到 100%，政府负债占 55%，其整体负债是其 GDP 的 3.2 倍左右。

美国圣路易联邦储备银行总裁普尔称，美国储蓄率为负值可能主要归因于从国民收入中去除了资本利得。但家庭因股市和房价上涨而感觉更加富裕,并因此大量支出。他称,“家庭行为模式已导致美国全国储蓄率太低。”

与美国消费者大手大脚形成鲜明对照的是,不仅日本等亚洲国家的消费者保持着存钱的习惯,德、法、意等许多欧洲发达国家目前的储蓄率也高达10%以上。

中国人民银行行长周小川在其文章《关于储蓄率问题的思考》中指出:

美国家庭储蓄率变动大致经历了两个阶段:一是20世纪90年代中期前长期维持在7%~10%;二是1997年后,伴随着“双赤字”特别是贸易赤字显著上升,储蓄率显著下降。有观点认为,这是(20世纪)90年代中期后各方对美经济“过度乐观”(Euphoria)所致。(20世纪)80年代末90年代初,前苏联和东欧中央计划经济体制解体,经济滑入下行轨道;(20世纪)90年代日本经济陷入长期停滞;欧洲经济也因劳动力市场僵化等结构性问题表现不佳。美国作为全球第一大经济体具有最优的经济体制,似乎无人能敌,唯一能在增长模式上对其形成挑战的是东亚模式,但1997年后,亚洲经济也受到重挫。近年来,尽管美国经济也遭遇了“9·11”和高科技泡沫破灭等冲击,但表现出很强的灵活性和恢复能力,致使市场对其“过度乐观”。这种观点显著影响着美国居民的储蓄行为。由于此次危机规模空前,预期这种过度乐观的情绪危机后会出现较大调整。

美联储前主席格林斯潘早就说过,资本升值并不能为新投资提供资金,因为它们的价值只体现在账面上。美国人没有存下足够的钱为退休做打算或进行新投资,迫使美国只能直接或间接地将资产出售给外国人或向他们借钱。

耶鲁大学经济学教授罗伯特·希勒在2005年接受《全球财经观察》采访时就曾说道:

美国国内存在着对贸易赤字的担忧,因为这个赤字现在高过历史上的纪录。但是,布什政府看起来并不对此担忧。这个问题包括两块:贸易赤字和政府财政赤字,同时伴随着低储蓄率。

在我看来,这一切与资产的价格有关。人们看到自己的房屋价格涨得这么快,会简单地认为经济形势不错,因此不会像以前那样产生担忧。如果出现衰退，这一切会完全改变，人们才会担忧赤字问题。

2006年，摩根斯坦利亚洲主席罗奇在接受《21世纪经济报道》采访时说道：

近年来，美国经常项目赤字继续攀升，全球经济发展不平衡状况加剧，而美国现在的国民储蓄率正处于历史最低水平，2005年第三季度，国民储蓄率占GDP的1.2%。储蓄短缺导致美国出现庞大的贸易逆差，恰巧中国是赤字中占最大比重的贸易顺差国，当笼罩着美国中产劳工阶层的焦虑情绪日渐增长，中国成了替罪羊。

事实上，美国内部已没有能力满足其经济急速发展对资本的需求。美国应该感谢中国，在2005年美元贸易赤字中，美国占有很划算的交易优势——净结余2000多亿美元的价廉物美的中国产品成功地提高了美国消费者的购买力。

归根结底，储蓄短缺是造成美国资金和贸易流通不稳定的潜在源头，而这是美国政界有意识选择的一个副产品。联邦预算赤字是过去六年导致国民储蓄率大幅度下降的主要因素，这不是北京而是华盛顿一手造成的。个人负储蓄率在某种程度上是鼓励消费的税务政策所致，这也是华盛顿一手造成的。美国的民选代表是拒绝进行税务改革（比如实施有助于解决个人储蓄不足问题的消费税等）的力量源头。当然，政客们从来不会承认这是他们的问题；相反，他们喜欢把责任推在别人身上。

华尔街：撑着金色降落伞逃跑

美国奥本海墨基金管理公司董事总经理李山泉，曾是到华尔街寻梦的人。他在央视《中国财经报道》播出的《华尔街制造了什么》节目中告诉记者：

为什么这么多人愿意到华尔街去工作？这里头一个方面的原因就是利益问题。因为华尔街的确是给你提供一个机会，你只要能进来的话呢，你有可能成为赚钱比较多（的人）。

李山泉这样描述他眼中的华尔街：

在华尔街，即使资历最浅的金融专业人员，都可以拿到10万美元以上的年薪，你要是拿不到10万美元以上，你都觉得不好意思。华尔街的报酬呢，一般分这么两大块：一个是现金报酬。这个现金报酬又分这么两块，一个是基本工资，就给你多少钱，第二个是你的红利，给你分多少现金的红利。另外一块就是股票或股票期权。一些高管都是挣几千万甚至上亿。

《纽约客》的已故全职撰稿人布鲁克斯在《沸腾的岁月》里曾经这样写道：

我们宁愿在一片混乱中暂时赚得盆满钵满，也不愿意少赚一点而维持长远的秩序和理智。

《财富》的艾伦·斯隆(Allan Sloan)称富尔德在任雷曼首席执行官的14年间，售出了价值近5亿美元的股票；这一金额曾是该公司股市市值的4倍。

在2006和2007财年，富尔德的收入总额为8千多万美元，对于雷曼这样规模的公司而言，这一数字令人震惊。雷曼的首席法律顾问托马斯·鲁索(Thomas Russo)2006年和2007年两年的年收入均超过1200万美元。而规模比雷曼大得多的美国公司的首席律师，收入要比这少得多。

有人这样形容，"华尔街的精英，当市场繁荣时，他们每年获得巨额高薪，市场坍塌了他们却撑着金色的降落伞逃跑。"

美国布鲁金斯学会高级研究员胡永泰在接受《南方周末》采访时说道：

我印象最深的一个评论是，"原来我们以为美联储是上帝。现在终于知道，他们不是！"

何以言之？如果人们相信美联储足以预防坏事发生，足以保护整个金融体系，他们就可以多冒一些风险——反正有联储在看着，不会有大问题。但事实显然走向了相反的方向。这就是问题的核心。

华尔街人相信，美联储永远会出手拯救，他们有能力永远保护金融市场；而且，借钱不应该借10块，要借100亿——只要足够大就不会有危险。于是，他们更为冒险。

在美国纳税人出钱拯救金融业之时，华尔街的金融企业仍向员工发放近200亿美元的高额分红，美国总统奥巴马说，这是一种非常不负责任的"可耻行为"。

据《纽约时报》披露，2008年美国华尔街金融企业员工获得了总额达

184 亿美元的高额分红，相当于 2004 年金融业鼎盛期的水平。由于华尔街是金融危机的始作俑者，高额分红消息曝光后，受到美国各界的广泛谴责。

复旦大学经济学院金融学教授、中国世界经济学会常务理事孙立坚认为：

华尔街打着金融创新的旗号，推出各种高风险的金融产品，不断扩张市场，造成泡沫越来越大，看起来这些金融产品的缔造者已经受到了失业的惩罚，但是实际情况并非如此。首先当他们尚在游戏当中的时候，收入已经是常人的几百倍了，盛世中他们早已稳稳地将收益套现至自己的腰包。其次全球都缺乏金融人才，他们刚刚失业没两天，中国、新加坡就已经开始招纳华尔街无处可去的人才，他们不愁找不到新东家。因此他们敢于将风险通过名目繁多的衍生品转嫁给市场，而自己却没有承担相匹配的收益减损。

2008 年度诺贝尔经济学奖获得者保罗·克鲁格曼在 2009 年出版的《美国怎么了：一个自由主义者的良知》一书中指出，20 世纪 70 年代，美国大公司主管的平均收入是普通职工的 40 倍，而现在这个数字变成 367 倍。克鲁格曼认为，这已不仅仅是社会平等问题，而是美国曾经拥有的基本信念和道义的崩塌。

一位美国经济学教授表示："虽然每个人都知道高风险，近在咫尺的 2001 年网络泡沫已经是个良好的教训，但是投行的精英们不会停止逐利，历史依然会不断重复。因为每一单交易成功他们就能获得丰厚的提成，而投行倒闭他们最多只是失业，并不需要把过去的奖金吐出来。"

公众对受政府援助的银行滥用纳税人金钱非常愤怒。面对越来越多的舆论压力，美国政府在向银行增加注资的同时收紧了对分红、并购和高管薪酬等方面的限制。2009 年 2 月，美国总统奥巴马签署的经济刺激计划中包含的更严格、适用范围更广的限薪条款，更是引起了银行业普遍的不安和反对。虽然反对声高涨，但从银行业就业状况不断恶化、政府监管日趋严格等方面来看，华尔街银行家们可能要同过去十年超高薪的"黄金年代"说再见了。

本章参考文献

[1]李晓.6年后看"9·11":格林斯潘路线潜伏次债危机[N].第一财经日报,2007-09.

[2]胡芳.美联储主席艾伦·格林斯潘卸任,伯南克接替,新华社,2006-02.

[3]郎咸平.金融危机由金融炒家策划,格林斯潘没水平[N].中山商报,2009-02.

[4]石川人.格林斯潘给我们上了一课[N].人民日报海外版,2008-11.

[5]格林斯潘听证会上认错:部分经济观念有误[N].东方早报,2008-10.

[6]Yeswecan.听证会上的格林斯潘[OL].新浪教育,2008-10.

[7]杨红梅,卢锋.分析格林斯潘做错了什么[N].中国财经报,2008-11.

[8]王芳艳.低利率导致金融危机 华尔街无辜 格林斯潘担责[N].21世纪经济报道,2008-09.

[9]罗奇剑指格林斯潘 莱文聚焦就业.中央电视台《经济信息联播》.2009-02.

[10]曾瀞漪,胡祖六.美金融危机将持续,中国"抄底"良机来临[OL].凤凰网,2008-09.

[11]杨红梅.卢锋.分析格林斯潘做错了什么[N].中国财经报,2008-11.

[12]谢国忠.虚假的低利率将导致金融危机[J].凤凰周刊,第155期

[13]王芳艳.低利率导致金融危机 华尔街无辜 格林斯潘担责[N].21世纪经济报道,2008-09

[14]保罗·克鲁格曼.萧条经济学的回归和2008年经济危机[M].中信出版社,2009.

[15]沈思玮.格林斯潘"鸣冤"是心虚的表现[N].上海证券,

2009－03.

[16]李延喜．次贷与房地产危机[M]．北京:中国经济出版社,2008－10.

[17]冯国荣．中国资产证券化应正视次贷危机教训[OL]．凤凰网财经,2009－02.

[18]李峻岭．资产证券化的步伐不应停下[N]．理财周报,2009－03.

[19]保罗·克鲁格曼．萧条经济学的回归和2008年经济危机[M]．北京:中信出版社,2009.

[20]余力．美国布鲁金斯学会高级研究员胡永泰:原来联储不是上帝[N]．南方周末,2008－09.

[21]银监会李伏安:次贷危机缘于资产证券化风险放大．中国证券报,2007－11.

[22]李若愚．周小川驳中国高储蓄率导致全球金融危机说[N]．北京晨报,2009－02.

[23]李正信．美国储蓄率创历史最低[N]．经济日报,2004－12.

[24]罗奇．中国正在成为美国过低储蓄率的替罪羊[N]．21世纪经济报道,2006－03.

[25]美白宫经济顾问委员会．低储蓄率和高贸易赤字并非美国经济的心头大患[OL]．世华财讯,2006－02.

[26]张立栋．高杠杆化约等于“庞氏骗局”[N]．中华工商时报,2009－01.

[27]国纪平．初析国际金融危机:过度创新与金融风暴．新华网,2008－11.

[28]Shawn Tully．华尔街模式的终结[J]．财富,2008－09.

[29]陈思进．华尔街这些事[M]．武汉:湖北辞书出版社,2009－01.

[30](美)约翰·布鲁克斯,著．万丹,译．沸腾的岁月[M]．北京:中信出版社,2006－10.

[31]冯郁青．贪婪的代价[N]．北京青年报,2008－10.

[32]保罗·克鲁格曼,著．王小萱,译．贪婪的代价[N]．国际金融报,2009－03.

[33]华尔街制造了什么[N]．中国财经报道,2008－10.

[34]奥巴马称华尔街去年高额分红“可耻”[OL]. 新华网,2009－01.

[35]马骏骎. 谁是金融风暴幕后元凶[OL]. 东方网. 2008－09.

[36]杨蕾. 华尔街将与高薪时代说再见[OL]. 新华社,2009－02.

[37]但有为,范文仲. 次贷危机有四大教训值得认真吸取[N]. 上海证券报. 2008－09.

第 4 章

金融危机启示录

自16世纪以来,所有金融危机的背后,都有金融创新的影子。具有讽刺意味的是,人们从事金融创新的根源,在于对金融风险的恐惧,或从中牟利的贪婪,而如果创新失去控制,则在引发的危机中,饱受新风险带来的损失。

金融创新不能逾越底线

华尔街有句名言，如果要增加未来的现金流，就把它做成证券。如果想经营风险，就把它做成证券。其实，金融创新的本质就是，只要能够透支的，都可以在今天就想办法让它变现。

全国人大财经委委员、社科院副所长于祖尧在其文章《贪婪导致危机——从“次贷”危机透视美国经济》中写道：

从20世纪70年代以来，美国金融业掀起了一波又一波改革创新热潮，把金融创新、混业经营、开发金融衍生品列为改革的重要任务。金融衍生品成为融资和牟利的重要工具，名目繁多的抵押贷款证券便是其中之一。

金融创新特别是其中的衍生品创新，必须有一条不可逾越的底线：以为实体经济服务、促进实体经济发展为原则。美国“次贷”危机爆发的原因就在于违背了这个原则，突破了这条底线，终于酿成灾难。

从“次贷”膨胀的背景看，注定它是证券市场上的一颗灾星。证券市场是实体经济融资的重要渠道。发行债券是实体经济发展的需要。但是，“次贷”膨胀却有特殊的背景。20世纪60年代“次贷”问世后，在相当长时期并未在抵押贷款市场上占据主体地位。只是到了本世纪初，房地产热引发住宅价格上升，再加上实行低利率政策，财富效应和投资效应诱使房地产金融机构涌向“次贷”，把它当作尚待开发的金矿，导致“次贷”规模和品种快速膨胀。美“次贷”余额2001年仅为1200亿美元，2006年增加到14000亿美元。“次贷”形成了房地产市场巨额虚拟购买力。

美国花旗集团高级副董事长兼美国花旗银行董事长和首席执行官威廉·罗兹在2008年夏季达沃斯论坛上说道：

伴随金融创新出现了一些新的金融投资产品，如信贷违约掉期(CDO)，但由于缺乏集中的清算系统，信贷违约掉期产品只在金融机构之间交易，好比产生了一个黑洞,增加了金融风险。

早在2003年,投资大师巴菲特就警告说,金融衍生产品"是大规模杀伤性武器",是"参与其中的当事人和经济体系的定时炸弹"。但是,美国政府对此置之不理。

中国社科院金融研究所副主任杨涛在其文章《所有金融危机背后都有金融创新影子》中写道:

自16世纪以来,所有金融危机的背后,都有金融创新的影子。具有讽刺意味的是,人们从事金融创新的根源,在于对金融风险的恐惧,或从中牟利的贪婪,而如果创新失去控制,则在引发的危机中,饱受新风险带来的损失。

金融创新的路径大致有三条:即金融产品、机构和制度创新。三者共同构成现代金融市场的发展。在社会发展的大趋势中,金融创新是人们为追求新生存模式而不可避免的,由此要防止金融风险向危机的过渡,就必须在这三条路径上设立防火墙。

中国证监会研究中心主任祁斌在接受《中国证券报》采访时说道:

美国金融市场过度自由化的发展模式走到了极端,衍生品过度泛滥,监管长期缺位,直至出现系统性的崩溃。摩根斯坦利亚洲区前主席曾表示,在全球所有金融市场中,东京和纽约的金融市场可能是两个极端。东京市场是全世界最没有创新的证券市场,而纽约市场是全世界最有活力的市场。他说,两个市场迥然不同的原因可能非常小,那就是,在两个市场上对证券的定义有所不同。在东京市场,证券被定义成为"Stock or Bond"——也就是,股票或债券。如果一个金融产品不是股票或者债券,上市之前政府的审批可能长达两年。而纽约是另外一个极端,那就是"Anything Under the Sun"——太阳底下的任何东西,只要你能想到,"上午一包装,下午就能卖出去。"所以各种金融衍生品和证券化产品在美国非常多,金融机构不停地创造出各种各样眼花缭乱的复杂产品,通过柜台交易(OTC),不需要论证,也没有监管,只要有对手方买,能够成交就行,当然这些对手方大都也是金融机构。这种模式使得金融产品极大地丰富,但有时候容易走过头了,使得资产证券化产品等金融衍生品过度泛滥。"一旦系统性风险出现的时候,危机就来得很快。"

中国金融学会副会长王广谦表示一味否定创新的积极意义是不可取

的。中国金融领域在过去30年里所取得的成就,与我们始终坚持改革创新精神是分不开的。那问题出在哪儿?他在“经济大讲堂”上演讲时说道:

创新是一个复杂的问题,它要受理念的支配和规律的约束,还要与经济社会发展的现实需求相适应。这是我想表达的第二个观点。

从这次由美国华尔街引发的国际金融危机来看,概括起来,有这样几方面的问题值得我们密切关注:

第一,金融危机的形成与华尔街金融创新过于脱离实体经济密切相关。

我们知道,自上世纪70年代以来,随着科技的进步和科技成果在金融领域的广泛应用,金融创新以前所未有的速度不断涌现,极大地促进了金融业的繁荣和经济的发展。但在这个过程中,一些发达国家的金融机构也出现了金融创新“过度”和“方向迷失”的问题。一方面,创新日益脱离实体经济的真实需求,金融机构通过业务创新和工具创新为实体经济提供了过度的货币供给和货币替代品,导致了实体部门价格的大幅度上涨。另一方面,金融系统内部各种衍生产品的创新使金融业开始出现自我创造需求与供给,形成了金融系统内部的自我循环。华尔街金融风暴的形成与这两个方面的金融创新“过度”有密切的关系。

……5大投资银行的倒闭或转型,是金融业日益脱离实体经济和系统内部自我循环以及缺乏约束和监管的结果。

……华尔街金融创新中的社会责任缺失加剧了金融系统的脆弱性。

金融机构由于高负债经营使其自身具有内在脆弱性,而金融机构缺乏社会责任感的创新又使这种脆弱性不断加剧。

据国际清算银行统计,截至2007年第三季度,全球金融衍生产品市值已高达681万亿美元,其中半数在美国,另半数主要在欧洲,这就是欧美成为金融危机重灾区的根源所在。

2006年度诺贝尔经济学奖获得者埃德蒙·费尔普斯在法国《星期日报》周刊上表示:

美国房地产泡沫的破裂引发了当前金融形势的逆转,但原因并非如此简单。金融的过度创新和美国债务的不断扩大使美国的经济变得更加脆弱,也使外国投资者失去了信心,这也是诱发当前金融危机的主要原因……

次贷危机给金融机构造成巨大损失被发现得很晚,这是因为新的金融产品已经达到了相关机构风险评估的极限。一些评估机构对于新的、复杂的金融产品没有经验，它们不知道该怎么办。

制订更严格的监管制度

陷在全球金融危机下，金融界依然麻烦不断。纳斯达克前主席麦道夫，精心编织了20年的骗局在一一被揭穿之后，500亿美元的黑洞掀翻了全球金融业。在北京大学经济管理学院风险管理教授谢世清看来，麦道夫事件充分说明了美国金融监管的不严。

以美国对冲基金的监管为例，由于多种原因，美国国内对冲基金的监管体系本就脆弱，而某些对冲基金还涉及到国际监管，这方面的监管更是松懈。

索罗斯建议：

美国（应该）重新审查整个金融体系，制定相应措施，阻止金融泡沫的形成。同时，投资银行应该背靠储蓄银行，贷款应该以和货币市场同样的方式受到监督。

金融市场的过度发展在很大程度上归因于监管当局未能实施适当的控制。一些新推出的金融工具和方法是基于错误的前提之下的。他们已证明自己无法持续，因此，应该中止。但是应当保留另外一些有助于分散或对冲风险的工具和方法。监管当局应该对近来的创新有更好的理解，对还没弄懂的业务就不应该批准。那种认为风险管理应完全由市场参与者自负的想法是不对的，监管当局应该管理系统性风险。为此，他们应获得充分的信息。市场参与者，包括对冲基金和主权财富基金以及其他未受监管的实体必须提供此类信息，尽管这样做既费钱又麻烦。但与市场崩溃的代价相比，这点花费又算得了什么呢。

从监管者的角度，由于长期的经济繁荣和市场繁荣，自由主义的理念在监管者的头脑中占据上风，放松管制、让金融更加自由化成为这一阶段监管者的核心价值观。在格林斯潘和鲁宾执掌美国经济大权的时期，美国政府漠视金融风险特别是衍生品交易泡沫的案例并不少见。

20世纪90年代末,时任美国CFTC主席的女律师布鲁克斯利·波恩提出,市场泡沫严重,需要进行严格监管。波恩在当时的一次国会听证中警告说,缺乏监管的金融衍生品交易“对市场和整体经济带来巨大威胁,而联邦监管机构却对此毫无察觉”。但她的警告遭到了当时执政的格林斯潘和财长鲁宾的坚决反对,两人联手迫使波恩最终在1999年辞职。

美国国会1999年通过以允许金融混合经营为核心的《金融服务现代化法案》,取代《1933年银行法》,正式取消了对商业银行和投资银行进行分业经营的限制性条件。2000年美国国会通过《商品期货交易现代化法案》,规定非在柜台交易的商品,不受商品交易委员会的监管。这两项法案为投机猖獗、金融衍生产品膨胀创造了条件。

而普遍上市的金融机构特别是投资银行,在追求业绩的目标驱动下,片面追求业务规模和业务利润的快速增长,而忽视风险甚至无视风险。

在现代科技应用和金融创新的推动下,金融机构出现了过度竞争和过度冒险的局面。在新自由主义经济学理论和全球扩张的观念主导下,金融机构呈现出无限膨胀和多层虚拟的业务扩张态势。在监管方面,也出现了许多真空。过度竞争和过度冒险与疏于监管是华尔街金融风暴形成的重要原因。

在围绕次贷和次债进行的各种衍生过程中,监管是严重失控的。首先,从源头次贷发放来看,一些金融机构为更多更快地发放次级贷款,有意放松对贷款人基本贷款资质和条件的审查。因为他们只要把次贷转卖给“两房”后自己就是安全的。

围绕次贷和次债进行的一系列衍生过程中,每个环节掌握的信用评级和有关信息都只是一个碎片,以至于一些人、机构甚至不清楚自己买的是什么时,就把口袋里的钱交给了衣冠楚楚的金融精英们。

被《纽约时报》称为“新末日博士”的鲁里埃尔·鲁比尼在2008年5月陆家嘴论坛演讲时表示:

过去我们强调很多市场要行业自律,要规范化,特别是对于资产证券化产品信用评级机构要进行相应的评级、正确的评级等等,但不幸的是从去年(2007年)的经验当中我们学到了一点,就是说虽然大家一直讲要行业自律,但是实际上没有自律,特别是在资产证券化方面,所以至少在这个行业自律是行不通的。我觉得我们经常会看到整个金融行业会处于两个极端,要么是过度的监管，要么是根本就没有监管。我觉得在资产证券化之后，我们需要一种平衡。的确作为监管机构来说，我们需要思考一下到底需要多少自律和监管之间的结合。资产证券化今后还要继续发展的话，我们要保证这些资产证券化的产品有严格的标准、严格的规范，能够进行场外的交易，合理的正常的交易，避免出现过度的风险和提前赎回的大规模风险。

还有原来这种传统的价值风险估值模型似乎不适应新的资产证券化的产品。此外我们还要充分考虑到新的资产证券化产品当中的流动性的风险。很显然目前有很多的金融机构在承销资产证券化产品的时候，没有足够的资本金来覆盖这些风险。这就需要金融机构重新调整自己内部的风险控制机构，重新来分析这些证券化产品的流动性风险，不要过分依赖信用评级机构，因为这类机构同样必须调整他们对于证券化产品的评级方式。

总而言之，我们现在才发现，与原来的预算相比，现在金融行业的透明度远远不如我们相信得那么高，特别有很多场外的交易产品，一旦出现流动性的问题，就容易产生风险。所以产品怎么样定价、怎么样估值，的确一开始我们就应当好好地做深思熟虑。

随着贝尔斯登崩溃以后，大家都意识到，不仅要注意到银行的风险管理问题，还有很多非银行的金融机构的管理问题，因为他们也在授信当中扮演重要的角色，他们的风险管理是不是足够，这是有问题的，我们应该加强对非银行金融机构的风险管理，也许我们应该加强对全球化的非银行金融机构的监管，他们的金融业务越来越多地同银行产生了趋同。所以如果要保持整个金融系统的稳定，不能仅关注银行，也要关注非银行金融机构。我们希望这场危机至少能够让我们意识到世界金融体系，特别是每个金融体系当中的缺点，可以让我们改进措施，从而亡羊补牢，为时不晚。

2007年诺贝尔经济学奖得主之一埃里克·马斯金教授曾表示：“美国次贷危机爆发的主要责任在政府的监管失误。”

美联储前主席格林斯潘曾这样说道：

金融创新的速度太快了，以至于我们永远无法充分理解所有的产品和交易，与此同时，我们的监管根本跟不上业界的脚步。

世界经济论坛发布的《2008年全球风险》报告认为，这场金融危机暴露了全球金融系统的种种危险。过去20多年，全球金融市场经历了一系列变革，从为刺激金融业发展而逐步放松金融监管，到金融创新的快速发展，再到全球金融一体化的大力推进，全球金融体系在发展的同时也加速了风险的传递。过去几年，美国金融业获得了极大发展。但金融创新在推动经济和金融发展的同时，金融机构在企业内部治理、风险管理等方面存在问题，这种局面为危机爆发埋下了伏笔。

高盛(亚洲)有限责任公司董事总经理、大中华主席胡祖六同样认为，正是美国的监管体系造成了如今的金融危机：

美国的监管体系这些年来有很多的演变，很多的改进，但是也是非常不完善的，有很大的缺陷。尤其是对房地产按揭贷款，特别是对这种信用等级很低的低收入阶层的贷款的次贷债监管非常松弛，从而导致这种不幸的金融灾难。

1987 年诺贝尔经济学奖得主罗伯特·索洛表示：

我希望看到旨在使实体经济尽可能地免受金融创新影响的监管体系。这或许需要限制商业银行的行动自由。

基尔世界经济研究所主席丹尼斯·斯诺尔表示

我们目前面临的最大国际问题是如何监管金融市场，各国政府面临的最大挑战是抵抗金融体系的庞然大物。对冲基金几乎不受监管，也几乎不纳税。怎么会这样？

曾为央行副行长的吴晓灵认为：

既要管住中央银行也要管住商业银行，然后放开所有的非银行金融机构，放开市场投资主体，给他们以自由的选择权，这样才能既控制泡沫，又能够搞活经济。

2008 年 3 月，美国时任财政部长亨利·保尔森提出一项大力改革金融监管体系的计划，建议美国政府强化市场监管力度，以恢复市场信心。在这项计划中，保尔森呼吁由统一联邦机构来监管大型投资银行与非银行的中小金融服务机构。保尔森指出：

美国次贷危机和由此造成的一系列震动，暴露出美国金融监管体系呈现四分五裂状态。美国的金融市场监管体系目前存在问题的实质是，一个过时的体制正吃力地跟随着市场发展的脚步。

2009年,美国政府将根据新法案对信贷市场进行监管,防止雷曼事件重演。金融危机开始以来,美国的银行遭受了超过8000亿美元的资产损失。信贷紧缩使得欧美、日本的经济进入了衰退。失业率的猛增和房价的暴跌使得有毒资产增加并且导致银行不愿意轻易贷款。与白宫一样,国会正努力改革美国的金融监管制度。

2009年2月,美国总统奥巴马就金融监管问题与国会议员和财经官员举行了会谈。在会后举行的记者会上,奥巴马表示,美国从当前金融危机中学到的经验就是:

20世纪的金融监管不适用于21世纪的市场。

奥巴马说,金融危机不是不可避免的。他指出:

必须制订更严格的监管制度,促进金融市场的开放和透明,金融高管不能违反公众的信任。金融市场的稳健需要透明的管理制度,这是为了保护消费者和投资者的利益,并最终有助于金融机构的发展壮大。

要相对控制高杠杆模式

投资银行从诞生之日起,就作为实体经济与虚拟经济之间的桥梁。它可以用极低的资产充足率,通过杠杆效应撬动更大体量的资本。(通俗地说,财务杠杆是用公司的资本金去翘动更多的资金,在金融学中,经常用杠杆比例这一指标来表示。杠杆比例是总资产与净资产之比,这一比例越高,风险就越大)这一模式本身就极易埋伏风险。当资本价格趋势向上时,表现为一片繁荣景象,投资品的高收益令人咋舌,而风险被边缘化;而当资本价格趋势向下时,杠杆效应的负面作用显露无遗,风险不仅难以掩盖,而且被极速放大。

正如波士顿咨询公司(BCG)大中华区的合伙人邓俊豪(Tjun Tang)所言:"华尔街投行运用了很高的杠杆率,有的甚至达35倍,因此很难弄清楚其资产状况究竟如何。"

目前,许多投资银行为了赚取暴利,20~30倍采用杠杆操作,假设一个银行A自身资产为30亿,30倍杠杆就是900亿。也就是说,这个银行A以

30亿资产为抵押去借900亿的资金用于投资，假如投资赢利5%，那么A就获得45亿的赢利，相对于A自身资产而言，这是150%的暴利。反过来，假如投资亏损5%，那么银行A赔光了自己的全部资产还欠15亿。

有过国际投行经历的经济学家谢国忠在接受《证券日报》采访时说道：

这类投资银行过去都是靠不断提高杠杆比例操纵资本。在它们的杠杆操作里，已经超过了30倍的幅度，过度使用杠杆，很容易引起资产的膨胀，造成资不抵债。如果我们简单地以30倍杠杆为例：在资产价格上涨情况下，只要赚1%就相当于赚到股本金的30%的收益，而一旦价格下跌导致亏损3.3%，即意味着破产。

在现有的美国监管制度中，投行利用融资工具在打包证券化产品时，只需要不到1%的资本充足率。

中国证监会研究中心主任祁斌在接受《中国证券报》采访时说道：

美国投资银行的经营模式在过去十年间发生了巨大变化，过度投机和过高的杠杆率使得投行走上了一条不归之路。传统上以赚取佣金收入为主、对资本金要求很低的投资银行，在高利润的诱惑和激烈竞争的压力下，大量从事次贷市场和复杂产品的投资，投行悄然变成了追逐高风险的对冲基金。例如，高盛公司在近年内，直接股权投资和其他投资所获占到其总收入的80%左右。出于竞争压力，其他投资银行也在做类似的转型。在对大量金融衍生品的交易中，投行赚取了大量利润，例如高盛和摩根士坦利两家投行在过去十几年中每年的平均净资产回报率高达20%左右，远远高出商业银行12%～13%的回报率。但同时，这些投行也拆借了大量资金，“钱不够就借”，杠杆比率一再提高，从而积累了巨大的风险。雷曼兄弟宣布进入破产保护时，其负债高达6130亿美元，负债权益比是6130∶260，美林被收购前负债权益比率也超过20倍。

过高的杠杆比率，使得投行的经营风险不断上升，而投资银行在激进参与的同时，却没有对风险进行足够的控制。

祁斌认为，一方面，由于杠杆率较高，一旦投资出现问题会使其亏损程度远远超出资本金；另一方面，高杠杆使得这些投资银行对流动性要求较高，在市场较为宽松时，尚可通过货币市场融资来填补交易的资金缺口，而一旦自身财务状况恶化，评级公司降低其评级使融资成本上升，便可能造成投资银行无法通过融资维持流动性,贝尔斯登便是因此遭挤兑而倒下。同样,评级公司降低雷曼兄弟的评级,也是导致其彻底崩盘的重要因素之一。

国际知名投资人索罗斯说道:

房地产市场泡沫和超级泡沫的特点都是过度使用杠杆……就算不做其他事,监管者也必须重新控制杠杆的使用,他们在控制杠杆方面是有经验的。股票买卖仍须有保证金要求,尽管这一招儿已经越来越不管用了,原因是机构有很多办法可以避开它。住房抵押贷款证券和其他综合工具从未受到控制,因为它们是在市场原教旨主义者当政时期推出来的。控制杠杆将降低金融业的规模,削弱其赢利能力,但这是为了维护公众利益所必需的。

2004 至 2007 年间,通过购买多由住宅和商业房产贷款支撑的有价证券,雷曼的资产负债表扩充了近 3 千亿美元。然而在此期间该公司的股本仅增加了 60 亿美元。其结果是资产与资本的比率从本就颇高的 24 飙升至 31。因此若投资组合的总价值下降约 3%,股东的股本将被彻底侵蚀。

2008 年 11 月 13 日,在"2008 中国国际金融年度论坛"上,美林证券中国区主席刘二飞表示:

美国及欧洲经济都染上一个病毒,就是债务太高了,美国人称之为杠杆,用通俗的话说就是借债,整个社会靠借债维生。美国政府有十几万亿债,每年没钱了就发债。美国老百姓也靠借债。次贷危机就是借不起钱的人去借债,所以美国老百姓也有十几万亿美元的债。今天美国人是靠借债过日子,老百姓以借债过日子。所以加上投资银行,加上对冲基金,加上商业银行,加上美国的企业,美国有种大家玩得最赚钱的游戏叫举债公司,即私人投资,整个的名字就叫杠杆。所以美国从政府到企业到老百姓都去借债。

从投行、全能银行到私募基金,无度扩张与高杠杆的金融机构正在一个个遭受清洗。随着 2008 年五大国际投行或者倒闭,或者转身成为传统银行,投行作为历史名词,已经退出资本市场的舞台。下一个退出舞台的有可能是全能型银行。

美国前劳工部长罗伯特·赖克指出:

美国金融体系存在不透明性,金融机构和个人的借贷大大超过了经济增长的速度,这必然会导致问题出现。此次五大投行深陷困境的一个突出原因，就是资产负债率太高，因此当次贷危机愈演愈烈时，它们就很难幸存下来。

信用卡消费的双重作用

美国消费主义盛行，多年来一直依赖扩张信贷和提前消费推动经济增长。美国经济研究局研究显示，扣除消费后的美国个人储蓄率从1981年的12%降至目前几近于零的水平。由于储蓄偏低，美国居民大量依赖消费信贷或分期付款支付消费。在这种消费模式基础上，美国信用卡市场得以不断扩张。自1915年，美国出现了世界上第一张信用卡后，如今的美国仍然是世界上信用卡使用率最高的国家。

信用卡消费对于刺激内需有着重要的作用。2009年3月，在“搜狐2009年中国信用卡发展研讨会”上，社科院金融研究所支付清算中心秘书长曹红辉说道：

信用卡市场的违约率逐步的上升，已经逐步地显示出美国信用卡市场的风险。早在1997、1998年的金融危机之后，在当时的韩国、中国台湾等新兴市场国家或地区，大家为了拉动所谓的内需，也采用了信用卡的方式来扩大消费信贷，刺激内需……消费在美国经济增长的消费贡献率达到71%以上。而信用卡占到美国GDP的68%左右。信用卡的消费信贷对于美国经济增长起到了重大的影响。

近年来美国个人消费占GDP比重一直在70%以上。在构成有利于消费增长的各项文化、制度、政策环境因素中，消费信贷体系是支撑和推动个人消费持续扩张的重要机制。

过去数年，美国银行及相关金融机构纷纷涉足或加大从事信用卡业务，以极为优惠的条件和高信用额度向消费者发行信用卡。美国消费信贷的主要提供者有商业银行、财务公司、储蓄机构、信用社以及非金融机构等，这为消费者提供了更多的选择。授信机构通过高科技手段，使许多消费信贷决策可以在几秒内做出，较复杂的家庭资产抵押决策一般在几小时内就可作出。

由于储蓄偏低，美国居民大多数依赖消费信贷或分期付款应付消费。

美国人的这种消费方式，立足于他们认为社会保障制度完备，自己收入来源平稳，美国人平常也很在乎自己的信用状态，因为信用污点会给他们日常生活带来诸多麻烦。

在经济一帆风顺时期，持卡人违约个案及银行撇账都极少发生，信用卡业务因而成为美国金融机构低风险高回报的银行业务之一。

然而，次贷危机的爆发和扩散改变了这一状况。随着金融危机的加剧及其对实体经济的影响，失业率已经处于15年来高点，从而导致信用卡持有人的经济压力加重。而作为应对措施，美国信用卡发放机构已经纷纷采取措施收缩业务，包括提高信用卡申请标准并减少信用卡发放数量等，以避免信用卡违约导致更多损失。消费信贷步次贷后尘而陷入困局是必然的结果。

经济咨询与研究公司首席分析师克里斯蒂安·梅内格蒂表示：

美国消费者再次面临打击；对那些已经无法通过住房抵押贷款的消费者来说，信用卡是他们维持消费的最后手段。然而，他们却面临信用额度收缩、难以借贷等多重打击。信用卡危机，不仅是金融危机的次危机，也是更深层的危机。一旦爆发，接踵而来的不仅是经济悲剧，很可能是家破人亡的社会惨剧。

由于摩根大通及美国银行等拥有大量卡业务，美国核心金融机构再遭打击难以避免。

中国银联总裁、著名金融专家许罗德在2008年11月中央电视台经济频道直播的特别报道时说道：

我觉得这次金融危机对美国的信用卡市场影响很大，因为美国是一个超前消费的国家，它的消费有点像中国说的寅吃卯粮，具有支付功能和透支消费功能的信用卡在美国非常普及，现在按人口来算，平均每个美国人有三张信用卡，他们在信用卡上的负债超过了四千美元。所以有一个说法，说美国经济的支柱是消费，消费的支柱是信用卡，足见信用卡在美国的影响力。

这次金融危机发生以后，对信用卡市场的影响，一方面对持卡人来讲，由于金融危机的影响，他的收入下降，他的资产缩水，所以他对信用卡的使用更加审慎，可能就不用或者用得少了，这样造成信用卡经营机构的交易量下降。

还有一部分持卡人可能受的影响更大，可能失业了，没有收入了，他已有的信用卡的账归还不了，造成信用卡经营机构资产的质量下降，同时信用卡公司为了控制风险，对于一些发卡人进行了限制，或者对授信额度进行了限制，这样也造成了交易规模的下降。

还有一个重要问题是原来金融信用卡机构的资金是通过把信用卡资产证券化实现的，次贷危机出来以后，证券化的路子走不通了，资金来源就出问题了，所以现在美国的信用卡市场出现了营业额的下降、资产质量的下降、效益的下降、流动性的问题，所以现在美国信用卡市场确实问题是比较严重的，所以前不久美国财政部长鲍尔森谈到对美国七亿元救助资金的使用用途调整的时候，特别提到有一部分要用于解决信用卡的问题。

美国全国零售商联合会的2008年民意调查结果显示，2008年有意刷卡购买礼物的美国消费者比例明显比2007年低，准备以现金支付的比例相应上升。更为严重的是，随着许多家庭财务状况的急剧恶化，美国信用卡违约率急剧上升。由于持卡人违约增多，截至2008年10月，美国人总的信用卡债务接近1万亿美元，相比2003年增幅超过25%。

显然，美国信用卡危机是次贷危机、金融危机的深化和延续。

投资大师巴菲特在2009年接受电视访问时称，美国经济已经摔下悬崖，充满恐惧的美国民众正改变他们长久以来的购买习惯。

大洋彼岸美国的“信用卡危机”阴影尚未消散，而扩大内需、刺激消费是我国近期为了抵御经济增速放缓风险提出的重要的政策导向。如今，对于刺激经济发展有着重要作用的信用卡因为美国的“信用卡危机”让人谈虎色变，甚至让中国老百姓一度觉得自己钱包里的信用卡成了“烫手的山芋”。对此，许罗德表示：

我们商业银行的信用卡持卡人主要还是在中高端收入的人群中，应该说风险方面完全是可控的，为了刺激经济发展，对信用卡的发卡的方面应该还是可以增加一些力度，在信用卡的透支额度方面应该也可以放宽一些，这样的话，来适应现代经济发展的需要。

……

中国银行卡的发展确实有我们中国自己的特色，我们现在是借记卡为主，信用卡为辅。从交易量来看，借记卡的交易量占到76%，信用卡的交易量是24%，信用卡的透支额度在1300多亿，现在这个风险是可控的，但是我也同时认为，在相当长的一个时期内，我们在信用卡的发展模式上应该坚持以借记卡为主，信用卡为辅，现在美国出的问题就是信用卡市场过于发达，信用卡发得过多造成的，所以说，我们和他们的阶段性还有很大的差别。

摩根斯坦利亚洲主席史蒂芬·罗奇在其文章《后泡沫时代的全球衰退》中写道：

失衡的全球经济正发生强烈的泡沫后震荡。在需求方面受到的阻力可能会尤其强烈，因为美国消费者不可持续的无节制开支已经难以为继。世界其他地区的私人消费也明显缺乏动力，支撑出口导向型经济体的外部需求因而将被削弱。以美国为首的全球需求迟滞将使商品生产商受到间接影响。简而言之，过去十年的辉煌将逆转。

美国消费者紧缩开支很可能成为后泡沫时代全球经济的关键构成部分。其实，美国消费者的紧缩开支早就该开始了。在过去的14年内，强劲的消费增量始终超出低于正常标准的收入增长步伐，存款不足、过度负债的家庭肆意从房产和信贷双重泡沫中提取消费所需，使2006年末及2007年初的消费支出占实际GDP份额达到创纪录的72%。但是现在，随着这一对泡沫的破灭，美国的消费量在2008年下半年以超出3%的年率急剧下降。连续两个季度的下降幅度都是创纪录的。

考虑到美国消费者依然承受着极大压力——不仅仅是创纪录的债务和低存款水平，而且还有家庭和退休计划遭受的财富毁灭以及急剧增多的失业所引起的收入损失——我们有充分的理由相信，美国消费占GDP的份额将进一步下降，可能下降至泡沫破灭前的67%，这一水平盛行于20世纪最后25年内。考虑到逆转的可能性很小，这就意味着美国消费量的下调大约还只完成了20%。

本章参考文献

[1]王芳艳. 低利率导致金融危机 华尔街无辜 格林斯潘担责[N]. 21世纪经济报道，2008-09.

[2]新华社. 金融危机诱因包括金融过度创新等[N]. 中国证券报，2008-01.

[3]明金维,韩洁,邹兰．国际金融危机警示:金融创新更需注重金融安全[OL]．新华网天津,2008－09.

[4]杨涛．所有金融危机背后都有金融创新影子[N]．上海证券报,2007－12.

[4]王广谦．经济大讲堂:正确处理金融创新与监管的关系[N]．经济日报,2009－02.

[5]李长久．美国金融危机给人三点警示[N]．光明日报．2008－12.

[6]姜楠．华尔街监管之罪:杠杆模式屡遭滥用[N]．证券日报,2008－09.

[7]刘洪,胡芳．奥巴马敦促改革美国金融监管体系[OL]．新华网,2009－02.

[8]明金维,韩洁,邹兰．国际金融危机警示:金融创新更需注重金融安全[OL]．新华网,2008－09.

[9]高和平．最强欺诈案考问美国金融监管体系[N]．华夏时报,2008－12.

[10]邱江波．保尔森提议大力改革美国金融监管体系[N]．中新社,2008－03.

[11]丁远．美国金融监管的游戏规则已改写[N]．第一财经日报,2008－09.

[12]周春生,冯科．金融危机:忽视风险管理的恶果[N]．经济观察报,2008－11.

[13]李长久．美国金融危机引出三点启示[N]．市场报,2008－12.

[14]孔雪松．证监会专家:华尔街金融危机告诉我们什么[N]．中国证券报,2008－09.

[15]翊海．奥巴马将推出金融监管新法案以免危机再发生．腾讯财经,2009－03.

[16]旷野．雷曼倒闭的启示:高杠杆“陷阱”[N]．21 世纪经济报道,2008－09.

[17]张立栋．高杠杆化约等于“庞氏骗局”[N]．中华工商时报,2009－01.

[18]Shawn Tully. 华尔街模式的终结[J]．财富,2008－09.

[19]姜楠．华尔街监管之罪：杠杆模式屡遭滥用[N]．证券日报，2008－09.

[20]叶檀．悲情的高杠杆金融机构[N]．解放日报，2009－01.

[21]刘二飞．美国金融危机的根源在于举债太高[OL]．新浪财经. 2008－11.

[22]孔雪松．证监会专家：华尔街金融危机告诉我们什么[N]．中国证券报，2008－09.

[23]纪万师．信贷体系支撑个人消费扩张——美国个人消费模式分析[OL]．中经专网，2009－03.

[24]金融危机主战场移师欧洲，东欧信用危机一触即发[N]．信息时报，2009－02.

[25]李国旺．美元信用透支看金融危机[N]．新闻晚报，2008－12.

[26]袁晓明．美国人从此会节制信用消费吗[N]．上海证券报，2008－03.

[27]李文龙．信用卡消费：刺激消费与信用风险的双刃剑[N]．金融时报，2008－11.

[28]金石．美国信用卡危机犹如未爆“炸弹”债务接近1万亿[N]．中华工商时报，2009－02.

[29]金融危机波及美国信用卡业[OL]．新华网．2008－10.

[30]美国信用卡危机影响中国几何[N]．辽沈晚报，2008－11.

[31]芮成钢．许罗德：美国信用卡是下一个倒下的金融巨头吗. CCTV2，2008－11.

[32]曹红辉．金融动荡中我国信用卡业离危机有多远[OL]．搜狐理财，2009－03.

第5章

拯救危局:靠市场还是靠政府

诺贝尔经济学奖得主保罗·克鲁格曼在接受日本一家主流媒体采访时认为:全球性的金融危机彻底粉碎了人们对自由放任的市场经济的信仰。

清华大学中国与世界经济研究中心主任李稻葵这样说道:

上世纪30年代美国经济大萧条之后,西方经济学家长期对此进行研究,认为当时是美国政府和美联储没有尽到救助责任,他们早已得出结论:危机来临时,市场经济要让位于“救火队”。而伯南克之前在大学校园做教授时就对此进行过研究。对我们来说,这也是一个重要的学习机会。

罗斯福“新政”:挽救大萧条危局

1929 年 10 月 19 日,美国纽约市场就出现了抛售股票浪潮,股票价格大幅度下跌。10 月 25 日,胡佛总统发表文告说:“美国基本企业,即商品的生产与分配,是立足于健全和繁荣的基础之上的。”胡佛力图以此刺激新一轮投资。然而,过了一个周末,一切挽救股市的努力都白费了。10 月 28 日,史称“黑色星期一”。当天,道琼斯指数狂泻 38.33 点,日跌幅达 13%。这一天,已经没有人再出面救市。

1933 年 3 月 4 日,正是美国大萧条最严重的时刻,富兰克林·罗斯福临危受命,成为美国第 32 任总统。《纽约时报》写道:“从来没有哪位总统在人们如此巨大的信任和期待中上任。”罗斯福在他的总统就职演说中告诉美国人:“我坚决相信,我们唯一引为恐怖的只是恐怖本身。”

在严峻的形势下,为了对付前所未有的经济衰退,挽救濒于绝境中的美国经济,罗斯福总统开始进行大刀阔斧的改革,在当时一些著名经济学家建议下,吸收了计划经济思维,决心利用计划经济手段治理当时美国经济,以便让美国经济尽快走出大危机阴影,并制定了一套新措施,史学家称其为“新政”。

新政的主要内容可以用“三 R”来概括,即复兴(Recover)、救济(Relief)、改革(Reform)。由于大萧条是由疯狂投机活动引起的金融危机而触发的,罗斯福总统的新政也先从整顿金融入手。

1934 年,英国经济学家凯恩斯来到华盛顿。自由主义经济理论认为,国家不干预经济的政策是最好的政策。而凯恩斯不相信市场经济可以通过自我调节实现充分就业,他主张国家必须干预经济。他到美国和罗斯福一拍即合,他发表了大量文章支持新政。在推动新政的同时,他的理论也在完善。新政之后,宏观经济才开始发展。

凯恩斯主义也在当年横扫资本主义世界,这是因为这种理论在短期内破除了滞胀经济的怪圈，它一方面通过大规模的基础设施建设，拉动生产和内需，带动就业率提升；另一方面通过物价平抑和政府干预，降低高通货膨胀率，所以凯恩斯之后，市场经济加政府干预成为二战后资本主义国家的标准范式，直到20世纪80年代后自由主义才重新占据要地。

美国哈佛大学经济系教授，曾任哈佛大学亚洲研究中心主任、世界银行顾问德怀特·帕金斯在接受《广州日报》采访时说道：

凯恩斯主义的应用，即货币政策和财政政策的执行，只是在特定的历史时期和经济环境下一种有利于经济发展的经济政策。

2009年2月8日，北京大学光华管理学院院长张维迎在亚布力中国企业家论坛上演讲时说道：

1929—1933年的大危机造就了凯恩斯经济学。在大危机之后的20世纪30年代，奥地利学派和凯恩斯主义都有可能成为经济学的主流，但奥地利学派被边缘化了，凯恩斯主义获得了主流地位，统治了经济世界几十年，一直到20世纪80年代才被人们所怀疑。为什么凯恩斯主义能够成为主流？简单地说就是，凯恩斯主义为政府干预经济提供了一个很好的理论依据：需求不足，市场失灵，解决的办法就是政府去介入市场，增加需求，从而使经济从萧条中走出来。而奥地利学派认为，萧条是市场自身调整的必然过程，有助于释放经济中已经存在的问题，政府干预只能使问题更糟。事实上，如果不是胡佛政府的干预（包括扩大公共投资，限制工资下调，贸易保护主义法律等），那次危机不会持续那么长时间。所以，政府特别喜欢凯恩斯主义。当然，经济学家也有很多喜欢凯恩斯主义，因为，如果凯恩斯主义是对的，政府就会为经济学家创造很多就业机会。

如果说奥地利学派是对的，经济学家在政府就没事干了。因为他们主张不干预，市场会自身调整。经济学家也是利益中人，凯恩斯主义能够大行其道，我想这也是一个非常重要的原因。

实行新政的前半年里，罗斯福把美国的萧条局面扭转了。头4个月，工业生产指数由59上升到100。《纽约时报》声称“罗斯福已经挽救了一场史无前例的绝大危局”，“从来没有哪一个总统能在如此短的时间里叫人觉得这样满怀希望”。

罗斯福也成为美国历史上，迄今为止，唯一一个连任4届的总统。

亚洲金融风暴:政府干预市场

香港特区政府:干预市场

1993 年,香港金融管理局正式成立,任志刚出任总裁至今。1998 年亚洲金融风暴,任志刚与当时的财政司司长曾荫权取得共识,动用逾千亿港元外汇储备大战炒家,入市购入多只港股,结果成功击退炒家。当时,有评论指香港特区政府干预市场,有违香港奉行自由市场经济的原则。

2005 年 7 月,曾荫权在接受中央电视台专访时,承认自己 1997 年作为特区财政司长,在抗击亚洲金融危机时哭了。他说道:

就是用(来救市)的储备不是我自己的钱,是香港老百姓汗水的结果,用得不对怎么办?还有的就是对付炒家是必须的,但是对我自己经济的信仰是不对的,我很信一个自由经济的政府在市场领域是不应该干预不应该插手的,但是当时的市场完全破坏了,不能不做事。最重要的是,我感觉到如果做错了以后,这个受苦的不单是我一个人,还有其他香港的市民。

任志刚在接受《经济观察报》采访时说道:

香港是一个自由市场,当时的财政司长,也就是现任的特首曾荫权先生,当时的财经事务局局长,即现在的政务司长许仕仁先生,和我都是信奉自由市场的人。当时真的不好过,一方面是自由市场的信奉者,另一方面却不愿看见香港的自由市场被外来的资金自由操控,心情是百般的矛盾;如果可以选择不干预的话,我们当然不想干预市场,但香港作为国际金融中心,又正值刚刚回归祖国,经济尤其是金融波动太厉害的话,对我们会造成很大的影响。所以,为了保持金融经济及汇率的稳定,最后不得不作出干预市场的决定。

亚洲金融危机时,很多人认为香港是“背离了自由市场典范”,干预股票市场,狙击了以索罗斯为首的金融大鳄;有意思的是,当时的美联储主席格林斯潘还严厉批评了香港金融管理局的干预行为,而几个月后美联储对于 LTCM 的干预也超越了中央银行与私营部门分离的界限。

任志刚直到今天，仍然相信当时的行动是正确而且成功的：

首先，金融风暴后，香港的房地产和股票贬值了差不多六成，失业率亦上升，而且还持续了好一段时间，但在港府入市后的短短半个月内，市场的操控活动消失，股市水平大幅回升，港元兑美元的大部分利率溢价亦已消失。而自1997年7月危机爆发以来，以美元计，在区内所有股票市场中，恒生指数的跌幅最小。香港的银行体系保持稳定，偿债能力未受影响。利率的确上升了，但升幅不及其他地方大。事实上，港元是亚洲区内唯一可以完全自由兑换而又没有大幅贬值的货币。

同时，香港特区政府亦将一个很大的危机化为一个重大的机会：用购入的股票创造了ETF类型的盈富基金，这个基金亦得到香港大众的欢迎及接受。另外，为此而成立的投资公司，也在短短32个月内，完全按照市场的操作，将1998年8月动用的外汇基金全部回笼，而且还赚了钱。再者，香港亦从这场痛苦的经验中汲取教训，迅速推行适当的政策——金融管理局于1998年9月推出的7项技术性措施，巩固了本港的货币制度，使其更能抵御冲击，而且经过时间的证明，市场对香港货币制度的信心与日俱增。

2000年7月，前美联储主席格林斯潘在他一篇演说中更为亚洲金融风暴"盖棺定论"，其中，他总结说，"政府的安全网及干预措施不能完全被取代。最少就短期而言，私营部门若缺乏官方援助，其应付外来冲击的能力及范围始终有限。"这显示香港特区政府的做法是得到国际认同的。

任志刚认为这场亚洲金融风暴，不单香港地区，全世界也从中学会了很多。从20世纪90年代开始，金融市场趋向全球化，有很多地方改革开放，带来了很多资金，但却忽略了法律上的保障，而且未能管理好风险，令外地的资金很容易走进市场来兴风作浪，影响金融市场稳定。对香港特区而言，优化香港的货币金融制度，保持香港作为国际金融中心的地位，均非常重要。因此大家都看到金融管理局在过去多年一直致力未雨绸缪，为管理好金融市场的风险作出努力。

2008年11月，香港特首曾荫权在香港贸易发展局周年晚宴上发表主旨演讲。他谈道：

各国政府在"救市"时，需要抵抗住五大诱惑。

单独和孤立行动的诱惑。金融危机对各国的影响不尽一致，不会有普遍适用的解决方案,但任何方案都必须是协调合作的方案,要确保不给其他市场带来不确定性。

忽视退出战略的诱惑。香港特区政府在亚洲金融危机救市时,政府用纳税人的钱救市,采取非常规的公共政策,会带来潜在的道德风险,因此政府需要考虑后来怎么能从市场上退出来。

削减政府公共开支的诱惑。在私人投资面临困难时,政府更应该增加消费,而不是削减开支。世界经济体不管大与小,都可以通过拉动内需来帮助缓解金融危机。

保护主义关闭大门的诱惑。政府不可避免会有保护地区产业和劳动力市场的压力。

过度监管的诱惑。要加强监管,但也要防止“过度监管”,在使监管制度更有效的同时,不能抑制创新和妨碍经济增长。

曾荫权表示,金融海啸已经席卷全球,“我们仍然不确定已经造成危害的真实程度”,但“我们知道,世界必须共同努力,重建并且使金融体系现代化”。

中国政府:财政扩张政策

金融危机的发生,往往出乎经济学家的意料。与中国经济发展环境类似的东亚、东南亚国家,在 1997 年危机发生前,一直因为经济高速增长而享有“亚洲奇迹”的赞誉。

1997 年,亚洲金融危机袭击了整个东南亚。并于 1998 年扩展到了俄罗斯,1999 年袭击了巴西,随后蔓延到阿根廷和土耳其。然而,1998 年,洪水没有冲开中国的堤坝。1998 年之后,中国成为了亚洲经济的领头羊。

著名经济学家吴敬琏表示,20 世纪 90 年代爆发的东南亚金融危机,1998 年春节以后,国务院 1500 亿国债投资和其他银行信贷放宽的措施,很快就出台了,起了很好的作用。

2008 年 11 月,美国经济学家、斯坦福大学教授罗纳德·麦金农在接受《第一财经日报》采访时说道:

1998 年春天时,朱镕基宣布了人民币财政扩张的政策,那时候人民币汇率是固定的。根据蒙代尔—弗莱明模型,在固定汇率下,财政政策有效。这需要居民消费增加，也需要企业的投资。如果企业停止投资，贸易盈余会更大，因此我们还需要消费以及私人部门的投资增长。

当面对亚洲金融危机的时候，很多东南亚国家和韩国都实行了货币贬值，这给了中国很大的贬值压力，而当时中国国内也有很强的建议人民币贬值的声音。然而，当时中国并没有使自己的货币贬值，而是自己内部进行扩张。1998 年，朱镕基总理宣布了财政扩张政策，总额大约 1 万亿元人民币。当时的中国通过发国债的形式来推行政策，国家开发银行也作为一个重要政策工具来具体实施财政的扩张。长达 4 年(1998—2002 年)的财政扩张政策引导中国成功地走出那次危机，也使得韩国、马来西亚、泰国、印尼快速地复苏。

亚洲各国先后遭遇金融危机，中国并没有先天免疫力。前香港证监会主席沈联涛在其文章《回望亚洲金融危机，中国属于幸运勇敢者》中表示：

中国之所以在危机中安然无恙，得益于两个因素。

——与遭遇危机国家不同，中国的资本账户有严格管制，游资很难对人民币进行攻击。实行了谨慎的对外金融政策，严格限制外债的规模，1997 年中国的外债只占 GDP 的 20%，大部分外汇敞口不是短期贷款，而是长期外国直接投资。

——中国在危机中扮演了一个负责任的大国角色，承诺人民币不贬值。这就避免了遭遇危机国家的新一轮货币贬值，尽管中国这一决定在当时并非没有风险。

幸运属于勇敢者。不贬值的决定和盯住美元的稳定汇率政策迫使中国进行结构性调整、税收制度改革、对国有企业进行重组，对银行的改革也提到日程。最终，中国在危机中进一步提高了生产率。

东南亚国家银行体系的崩溃以及由危机引发的政治不稳，导致出口迅速转移到中国。中国承诺人民币币值稳定赢得了国际信任，加上便宜的劳动力和国内巨大的市场，中国获得了巨额的外国直接投资。1997 年，中国吸引外国直接投资 430 亿美元。尽管人民币不贬值，但由于提高了生产率，中国出口仍保持了竞争力。

华尔街的风暴:自由主义“终结”

1997年东南亚金融危机发生时,美国极力推行新自由主义经济模式,片面强调市场机制的功能和作用,轻视国家干预在经济和社会发展进程中的重要性。

1997年亚洲金融危机爆发后,马哈蒂尔抵制了国际货币组织提供的解决方案,决定将马币与美元挂钩,并注销银行坏账。尽管初期遭受了国际社会的批评,但是马哈蒂尔的政策却成功地令马来西亚的经济恢复速度超过了周边遵照国际货币组织提供方案的国家。马哈蒂尔在网志上写道:“我还记得,他们当年如何告诉我们永不要为濒临倒闭的企业包底 。”

在本次由次贷危机引发的华尔街金融风暴中,美国政府却没有推行一贯的市场化机制,而是采取了一系列政府干预市场的措施。

2008年9月美国总统布什表示,为了结束目前这场几十年来最严重的金融危机,联邦政府干预金融市场不仅有正当理由,而且必要。“我们现在必须采取行动,使国家健康免受严重风险的打击。”

2008年9月7日到9月16日,美国先后宣布由政府接管美国最大的房地产信贷机构房利美、房地美和AIG,这成为最大规模的政府救市行动。由于担心金融市场出现进一步动荡,防止金融危机对实体产生更大的破坏,美联储联合10家大型银行成立干预基金,这成为美国政府直接救助金融市场的最直接方式。

处理金融危机的一系列行动表明,美国政府正在违背此前奉行的自由市场理念,与东南亚金融危机时,向发展中国家推销自由市场形成了鲜明对比,奉行了双重金融标准。

对于美国从奉行“新自由主义”到实行政府干预,清华大学中国与世界经济研究中心主任李稻葵在接受《上海证券报》采访时说道:

认为“新自由主义”、市场主导的西方经济不应过多干预市场,其实是对西方经济理解上的偏差。

第一,我们低估了美国政府或西方政府对金融界、经济界危机的应急处理能力、管理能力。我一直在说,保尔森和伯南克是这次危机处理的“梦之队”。在危机来临的时刻,什么市场经济原则都可以不顾,“救火”最关键。在这一点上,我们需要重新认识。

第二,我们过多地解读了西方意识形态的内容,而对最新繁荣西方经济学的解读不够精确。上世纪30年代美国经济大萧条之后,西方经济学家长期对此进行研究,认为当时是美国政府和美联储没有尽到救助责任,他们早已得出结论:危机来临时,市场经济要让位于“救火队”。而伯南克之前在大学校园做教授时就对此进行过研究。对我们来说,这也是一个重要的学习机会。

在防范由“救火”引发的道德风险等过程中,美国也注重对爆发问题的金融机构CEO等高管进行处罚,对当事人严惩不贷。同时,美国只救助对当前美国经济有直接影响的企业,而不会对全部金融机构进行救助。“救火”结束之后,美国也肯定会出台一些严加严格的监管政策。

投资大师巴菲特肯定美国政府2008年出台的大规模救助措施,认为政府干预对于避免彻底崩溃是必不可少的。但他警告说,今后可能会出现不太好的副作用,比如通货膨胀。

著名经济学家、中欧国际工商学院经济学与金融学教授许小年认为:

美国和欧洲的救援,英文叫Bailout,实际上是急救金融机构的意思,其实翻译成救金融机构、救金融市场,可能更准确一些。Bailout的核心、全部目的,是恢复市场信心,是防止系统性的大崩溃。救援的终极目标不是股票指数,而是恢复信心,而是拯救破产的金融机构,重新启动金融市场。救和不救的分界线在于是否存在着系统崩溃的危险。如果存在危险,必救,如果并不存在,这就没什么好救的,让市场去改正,尤其在估值方面让市场自己改正自己。

这里就涉及在金融危机的面前政府的职责、角色到底是什么。我想引用亚当·斯密的说法,他把政府的职责定义为守夜人,是市场经济的守夜人,如果一切正常,守夜人可以去睡觉。如果发生火灾,守夜人必须出动去尽力扑灭。美国现在是大厦失火,后院失火,政府必须承担他的责任,采取果断措施,把这场火灭掉。美欧政府实际上在干预市场的时候都做出了承诺,入股商业银行、入股金融机构都是暂时的,待将来形势恢复之后,都会撤出。

其实亚当·斯密在讲守夜人的时候也包含了另外一层意思:在信心崩

溃、市场已经不能有效运转的紧急状况下,政府要采取行动。这时只有靠政府,比如说现在的美国。中国要不要像美国政府那样采取大规模的救市行动?先问一下,中国金融体系是否处于崩溃的边缘,如果不是,答案就有了。

在这样一个如格林斯潘所讲的百年一遇的金融大灾难面前,我们能做的,是保持自身金融机构和金融体系的健康,控制好货币发行,深化改革,端正金融机构的激励机制,稳定中国的经济和金融。中国的稳定就是对世界金融体系稳定的最大贡献。

大萧条以来,由于凯恩斯主义的兴起,政府干预一直和市场行为相互交织;尤其是在金融市场和金融体系发生危机时,政府的救助往往是最后的“稳定器”,政府的介入成为最直接、最有效的选择。

在博鳌亚洲论坛2008年年会上,国民经济研究所所长樊纲认为,政府的干预是必要的:

我相信有很多人是不同意的。但是我认为需要某种程度的政府干预。因为这样可以使我们的局面跟大衰退时候的情况是不一样的。所以,我对现在的情况还是比较乐观的。只要世界各地主要的中央银行能够履行它的职责,用有效的方式来做,虽然它们不能够替代市场,但是有波动是正常的。

樊纲认为,由于政府的干预,可以限制这种金融危机程度。

美国近现代经济史表明,市场机制和政府干预必须相辅相成。美国20世纪30年代的大萧条,就是政府长期实行自由放任、不干预大企业垄断的经济政策的恶果。二战结束后,所有的资本主义国家都加强了政府对经济社会发展的宏观干预。但是,从20世纪80年代以来,美国政府的经济政策着重强调自由放任和“更少的政府干预”。

2008年12月28日,在广东省中小企业发展年会暨珠三角中小企业投融资高峰论坛上,樊纲表示:

对于宏观调控,大家都在拿1929年大萧条来比照,说这次(2008年)金融危机比1929年还严重,但是在我看来还是比较乐观。1929—1939年10年之内,全世界GDP下降了50%。到世界大战,死了两千万人口,到1954年时,世界经济才恢复到1929年水平。这次之所以没有大萧条,是因为这次全球各国联手救市,搞宏观干预。而在1929年时,还没有宏观经济学,宏观经济学是1936年一位英国人凯恩斯写了一本书才有的。1933年罗斯福新政,扩大内需、搞公共建设、搞社会保障等等，标志着宏观经济调控的诞生。

我国著名经济学家茅于轼在接受《两会三人行》节目采访时说道：

我觉得这次这个风暴相当的厉害，但是我估计不会像上一次1929年那样严重。因为那时候凯恩斯都还没有，整个宏观经济是很模糊的，现在我们有了凯恩斯理论，最基本的观点是很清楚的，所以政府不会犯很大的错误。

本章参考文献

[1]金柏松．1929年：潜伏的危机导致美国经济崩溃[J]．人民论坛，2007-11.

[2]况杰．决胜金融危机[M]．北京：中国工人出版社，2009-01.

[3]危机时刻的美国总统[N]．人民日报，2008-10.

[4]任志刚．亚洲金融危机时政府干预市场必要成功[N]．经济观察报，2007-06.

[5]曾荫权访问英国谈救市 呼吁抵抗五大诱惑[OL]．中国新闻网．2008-11.

[6]番薯．救市不救市：这是一个问题[N]．华夏时报，2008-03.

[7]夏欣．2000点危情时刻 政府是否该出手救市[N]．中国经营报，2008-09.

[8]金融危机中美国政府的"双重标准"[N]．光明日报，2008-11.

[9]何德旭．应对金融危机 政府的行为至关重要[N]．金融时报，2009-03.

[10]叶伟高．樊纲：政府干预可以限制金融危机[OL]．网易财经，2008-04.

[11]李宝伟．现代金融危机发展促使政府干预深化[N]．第一财经日报．2008-09.

[12]应对金融危机 市场机制和政府干预须相辅相成[N]．广州日报．2009-02.

[13]任芳，周正平．马斯金：政府干预有利于防范金融危机[N]．中国税务报，2008-04.

第 6 章

救市行动:陷阱与底线

我认为,美国房市泡沫一开始只是常规性的小泡沫,但它从20世纪80年代开始,在温床般的条件下慢慢长成,就成了一个超级大泡沫。这次危机不同于80年代以来的那几次;那几次只不过是都被政府成功地解决了,而这又强化了市场原教旨主义的"市场能够自我纠正"这一错误概念。事实上,它们是被政府干预纠正的,不是市场自我纠正。

这一次泡沫鼓得太大了。20世纪80年代以来的金融市场,其实就是"市场危机——政府拯救——再危机——再拯救"的过程;市场相信政府的拯救能力,政府对许多问题听之任之。在这套游戏规则下,许多小泡沫累积、演变成了一个"超级大泡沫",政府再也没有办法像以前那样施以援手了,危机就完全失控。雷曼兄弟的破产,彻底改变了这场游戏,金融泡沫从此破灭,并严重影响了世界经济。

——投资大师索罗斯

“新凯恩斯主义”回归

来自世界各地的众多经济学家向受邀参加2008年11月15日在华盛顿举行的全球金融峰会的国家领导人致公开信。经济学家们在信中说,金融危机反映了新自由主义经济理论的缺陷,导致了过度金融创新和信贷基础上的虚假繁荣。信中提议,如果与会的国家领导人能够重新审视曾对二战后经济黄金时代作出贡献的凯恩斯分析理论,那更大经济衰退将可以避免。

20世纪30年代,凯恩斯主张由政府直接干预市场的做法被当时很多政府采用,堪称危机“救世主”。在今天的金融危机到来时,各国政府纷纷出招对市场进行直接干预,这种做法被一些人看作凯恩斯主义的“回归”和自由主义的“终结”。

凯恩斯主义以凯恩斯宏观经济理论为基础,主张国家采用需求管理政策,在经济萧条时实行扩张性政策,在经济过热时实行紧缩性政策,以此来稳定宏观经济运行。

凯恩斯的创见是,金融市场并不像古典经济学认为的那样,会与生俱来地自动纠错。如果对华尔街放手不管,它就会一直陷在一种流动性陷阱里,市场将继续僵冷,生产性投资也会停止。于是便需要政府来采取行动,以恢复信心,刺激投资。凯恩斯写道,“我的总结是,让私人负责调整像目前这么大规模的投资,是不安全的。”

二战以来,美国一直引领经济理论与经济政策的发展方向,总是试图在国家干预和放任之间找到平衡点。当凯恩斯主义因为撞上滞胀之墙而失灵之后,新凯恩斯主义应运而生。

凯恩斯主义在21世纪,重新获得一次巨大的实验机会。凯恩斯主义之所以在撒切尔夫人、里根新政后继续抬头,美国布鲁金斯学会资深研究员胡永泰认为:

最核心的是过去很多年中美国学界和执政者在两个问题上的观点:一

是太相信金融市场的自我修正(self - correcting)能力;二是认为投资人的行为总是理性的(rational behavior)。在上述指导思想作用下,监管者便乐观地认为,即便是有泡沫,也会是短期的。因为如果是泡沫,那么势必要破灭,所以投资人也不会大量介入,以免在泡沫破灭时蒙受损失。

作为1929—1933年那场世界资本主义经济大危机的拯救者,凯恩斯的理论也再次因为新自由主义调控市场的失灵而受到了人们的青睐,就像新自由主义20年前在撒切尔、里根政府的保守主义革命中所受到的待遇那样。

为防止瘟疫般的次贷危机最终摧毁美国称霸世界的力量工具——华尔街金融巨头,布什政府干脆赤膊上阵,继收治奄奄一息的AIG之后,又开出了7000亿美元的支票,给摇摇欲坠的金融体系大面积输血,并批准高盛和摩根斯坦利向传统银行转型。

在2008年底北京大学战略研究中心的"金融危机、扩大内需与中国经济"战略论坛上,中国经济体制改革研究会副会长石小敏用形象的比喻来说明了美国政府的救市行为:

这次来势凶猛的金融危机,病根是很早以前就种下了。其间有过若干次小的病情发作,比如2001年的安然公司倒闭、2007年的次贷危机和2008年初的贝尔斯登公司被接管等,这就好似心绞痛发作,一次比一次重,人们就一次比一次加大"硝酸甘油"的服用量,挺一挺就过去了。直到雷曼兄弟公司破产,演变成整个金融体系的"大面积心梗"。

看来这次光吃药不行了,要动大手术了。于是金融体系被架上手术台,先是摘了几个"血管瘤"(把高盛、摩根士坦利等几个独立投行都转成商业银行,令其大幅度"去杠杆化"),接着又上了几个"支架"(即各国相继宣布的救市计划),通过向银行体系的大规模"注血",来缓解突然冻结的信用。

2008年12月,在广东省中小企业发展年会暨珠三角中小企业投融资高峰论坛上,国民经济研究所所长樊纲说道:

中国经济过去几年进行调整,防止经济过热,在一定意义上讲,这个调整必须进行。12%的增长速度是不可持续的,70倍的市盈率同样是不可持续的,每年价格疯长80%的房地产市场是不可持续的,不然就会面临大的金融危机。

因此在一定意义上,我们从2004年年初就开始采取一些防止过热的政所以共和党也好,民主党也好,国会、众议院再过两个礼拜就要开始选举了,总统的任期也届满了。所以参考了很多政治的因素,所以意见很大。我想到现在为止,尽管听到了各种声音,我个人的判断最终还是会通过这样一个方案的。如果说把这个规模降下来,甚至说今天不能通过的话,我想对一些非常脆弱的金融体系会是沉重的打击。我想没有一个政客或者参议院也好、众议院也好会愿意承担这个责任。我想,尽管他们有不同的看法或者是有分歧,但我觉得还是会达成共识,一定要采取某种措施,政府不会不闻不问。

面对宏观经济形势不断恶化,金融领域危机不断向实体经济领域扩散的风险,美联储在新旧总统交替之际,紧急出台新版的8000亿美元救市计划。2008年11月25日发布的该计划拟采用名为"定期资产支持证券贷款工具"(TALF)2000亿美元的新方案,为提振消费信贷和抵押贷款、支持证券市场信心,提供空前的融资支持,为消费信贷和中小企业贷款注入流动性。此外,美联储还将购买最多6000亿美元的抵押贷款支持证券(MBS)。美国时任财政部长保尔森在新闻发布会上表示,"财政部和美联储此举是为了支持对消费者和中小企业的借贷,这对我们的经济是非常重要的。"

清华大学中国与世界经济研究中心主任李稻葵在接受《上海证券报》采访时谈到了过度注入流动性给市场带来的风险。他说道:

首先,这个风险是可控的。实际上,这是美国政府在向美国百姓、其他国家借钱,这会使得美国长期利率提高、投资成本提高,并使整个金融环境恶化。但这些不利因素可以通过未来经济增长来逐步化解。如果市场对于美国经济增长有信心,来自阿拉伯、中东等富裕地区的外汇储备会继续投资于美国,这也会使得美国长期利率不会大幅提高。

第二,如果美联储目前不这样做,那整个金融体系将面临崩溃的风险。现在美国货币市场上借贷的额度大量缩减,金融机构、企业都很难从市场借贷到资金。

第三,事实上,美国现在是以国家信用、国家担保向全世界借贷,来提供给本国企业。这也是完全符合美国利益的。美国长期以来都是世界经济增长的龙头,政府信誉很好,即便再发国债,仍会有其他国家使用外汇储备去购买。

最后,美国现在购买一些看似破产企业的股份或债券,有可能多年之后，它会收回这部分投资，甚至获利。

2009年3月，美国财政部长盖特纳宣布了一项收购“有毒资产”计划。根据该计划，美国财政部将联合美国联邦储备委员会和联邦储蓄保险公司，以及私人投资者一起购买总值高达一万亿美元的银行“有毒资产”。

2007年诺贝尔经济学奖获得者马斯金在博鳌论坛上表示：

尽管自己是一个坚定的市场经济支持者，但金融系统不同于其他产业，金融机构之间互相依赖，因此政府有必要进行积极干预。在一个经济体中，如果一家银行认为别的银行都不会放贷，那么它肯定不会放贷，否则它将会承受因经济衰退等原因导致的所有亏损。而如果所有银行都拒绝放贷，经济必然衰退。为了避免这一恶性循环，政府有必要承诺为商业银行的坏账买单。不过，如果政府承诺为银行坏账买单，银行就面临不审慎经营的道德风险。

对于这一两难选择，马斯金的建议是：

政府对金融系统进行积极干预；同时对金融机构潜在的道德风险进行有效监管。具体而言，政府可以向银行和其他信贷提供者承诺在需要时可以提供支持，以避免信贷紧缩现象的出现。同时，可以通过中央银行或其他政府部门进行监管，监测贷款质量。

他举例说，在贷款利率不断提高的情况下，政府应该设定一些条件，规定符合条件的借贷者才可以获得优惠利率贷款等。这样将可以有效防止下一次金融危机的出现。

美国总统巴拉克·奥巴马2009年3月23日称，他“十分相信”政府收购银行不良资产的计划将起到解冻信贷市场的作用，并表示已经有迹象显示住房市场正开始解冻。奥巴马在白宫发表讲话称：

我们相信，对于恢复信贷流的问题来说，今天公布的计划绝对将是又一个至关重要的要素。

2009年3月底，汇丰全球首席经济学家史蒂芬·金（Stephen King）在接受《第一财经日报》采访时说道：

现在说多久能把不良资产问题解决掉还为时尚早，部分原因是当前这些资产的定价还具有不确定性。和美国房价挂钩的问题资产，如果美国房屋市场恢复,问题资产的问题就会容易解决一些;如果美国房屋市场继续恶化,未来就更难处理这些资产。好消息是,政府已把它作为重要问题去对待,而银行也在努力解决问题资产,一些清晰和准确的细节将起到作用。

零利率与流动性陷阱

目前美联储要应对的是一个“三头经济怪兽”,即美国经济面临在房地产、信贷和金融市场三方面的危机,这几方面的问题交织在一起,形成了20世纪30年代以来未曾出现的困局。为了应对经济困境,美联储2007年12月把基准利率降至零至0.25%的低水平,消息传出后,道琼斯指数一度急升。这一举措将美国带入了零利率阶段,而这正是日本为抵抗通货紧缩使用了多年的政策。

2008年4月,曾任里根政府经济顾问委员会主席的费尔德斯坦就指出美联储是时候停止降息了,他在《华尔街日报》撰文指出:

在当前的住房和信贷市场条件下,继续降息对需求的刺激作用将比不上过去。在美国经济过去经历的衰退中,降息能促进新屋建造,进而刺激总体需求增长。但目前美国的待售房数量庞大,较几年前增加了50%,继续降息无助于提振住房建设。

与此同时,联邦基金利率的降低并未带动抵押贷款利率随之回落。目前联邦基金利率较上年同期下降了3个百分点,而美国抵押贷款利率的降幅还不到0.5个百分点。

如果低利率能明显刺激需求并减少经济陷入深度衰退的风险,它应能防止美国通胀上升和新兴国家受到损害。但在当前,美国将现行2.25%的联邦基金利率再下调50或是75个基点,对刺激需求的作用不可能太大。

要实现经济复苏,美国当局先要解决好信贷市场的棘手问题,以免数百万房主可能会因为房产价值缩水而不得不放弃正常还贷。此外,还要防止继续下滑的房价导致另外数百万业主倾家荡产的情况出现。而降息无法解决上述问题中的任何一个。

在零利率的政策下,那些银行和各类金融机构,虽然从美联储得到低息,甚至无息的现金,但依然不愿意把手中的现金投放社会,令资金链断裂,使整体社会的拆借市场进一步恶化，形成流动性陷阱（Liquidity Trap）。2008年9月，在与腾讯财经的对话中，高盛（亚洲）有限责任公司董事总经理、大中华主席胡祖六认为：

人们曾经希望降息能够使房屋贷款的利率降下来，减缓按揭贷款债务人的还本付息的负担。但13个月来，贷款的利率反而有增无减。就是因为银行没有信心，房屋按揭贷款资金越来越干枯了，而且成本也越来越高。因此美国政府的干预已经是没有办法的事情了。

复旦大学经济学院金融学教授孙立坚认为：

我不否认，降息和注资也会降低市场的融资成本，从而刺激企业的投资，有利于经济的复苏等。不过，就目前金融动荡格局而言，任何机构都不会轻易去贷款、去投资，因此，债务不减轻，市场就没有流动性，大众的恐慌心理和由此造成的挤兑行为就无法消除，惜贷也就不会缓解，从而利率对企业的刺激作用也就只能停留在学理的解释上。所以，在多米诺效应放大的第二阶段，我们不能简单乐观地去评价联合实施货币政策的积极效果。总之，目前摆在我们面前最大的挑战是如何解决当前全球陷入"流动性陷阱"的危机状态，它比前一阶段所面临的滞胀挑战更严峻、更棘手，也更残酷。要知道，日本泡沫经济已经过去将近20年了，可日本政府奋斗到今天，还没有走出深不可测的"流动性陷阱"！

安邦咨询公司首席分析师、总裁陈功认为：

从宏观上看，一个国家经济陷入流动性陷阱主要有3个特点：

一、整个宏观经济陷入严重的萧条之中，需求严重不足，居民个人自发性投资和消费大为减少，失业情况严重，单凭市场的调节显得力不从心。

二、利率已经达到最低水平，名义利率水平大幅度下降，甚至为零或负利率，然而，投资者对经济前景预期不佳，使得利率刺激投资和消费的杠杆作用失效，只能依靠财政政策，通过扩大政府支出、减税等手段来摆脱经济萧条。

三、货币需求利率弹性趋向无限大，即当一定时期的利率水平降低到不能再低的时候，人们会产生利率上升而债券价格下降的预期。货币需求弹性变得很大，无论增加多少货币，都会被人们储存起来。发生流动性陷阱的时候，宽松的货币政策也没有办法改变市场现状，而与此同时，往往还会出现通货紧缩。

日本在很长的时间里就是这样的一种状态,整个社会处于通货紧缩的状态,而利率基本维持在零利率的状态。

在当前通胀率居高不下的情况下,持续降息在增加市场流动性的同时,也会促使通胀进一步加剧,如果应对不慎,美国有可能重复20世纪80年代初经历的“滞胀”局面。经济增长这个最大的当务之急也许不久后将让位给对通胀的担心。

嘉华公司执行董事、“末日博士”麦嘉华指出,美联储主席伯南克降息举措将“摧毁美元”。他表示:

伯南克降息到3%的决定已经导致美国股市大跌、石油和商品价格暴涨。

麦嘉华说,美联储进一步减息,可能推高通胀并削弱美国10年期和30年期政府债券价值。他认为,债券就是下个爆发灾难的领域。

“印钞救经济”

在“零利率”时期,美联储实际上就是在通过“印钞票”来增加信贷供给量。美联储主席伯南克对此也直言不讳,表示在即将失去降息空间时,只能充分发挥“印钞机”的功能,向市场注入流动性以刺激经济复苏。

据彭博社2009年2月9日报道,美国国会财政的一揽子刺激措施将使美国解决金融危机的总成本达到9.7万亿美元,这将创造新的历史纪录,而这一数字已经相当于美国全国房贷总额的90%之多。这还不包括总统奥巴马所提议的7800亿美元的计划。

2009年3月18日,美国联邦储备委员会推出一系列旨在调整政策重心的重大举措:在维持联邦基金利率处在历史最低点——零至0.25%区间不变的同时,将收购至多3000亿美元长期美国国债,并将另购入至多7500亿美元的抵押贷款支持证券。这一举动令10年长债孳息率一日内由3厘急跌50点至2.5厘,香港金融管理局总裁任志刚称,是他记忆中20多年来首次出现,虽然对美债投资者有利,但须留意美债孳息短期大波动,预期量化宽松货币政策会持续一段时期，直到美国经济有所好转。

美联储此举，简单来说就是美国央行发钱购买美国财政部的长期国债，这会推高长期美国国债的价格，相应的也就降低了长期国债的收益率。同时，大量的美元进入市场，意味着美元会贬值，也就是“不值钱”。

对于美联储“印钞救经济”的做法，香港金融管理局总裁任志刚称：

以印钞机刺激经济并非长期手段，退出时对各个市场，特别是债市造成一定影响。

美国联邦储备委员会购买至多3000亿美元长期美国国债的计划是刺激经济的必要之举，但此举也可能带来长期风险。

2009年2月8日，北京大学光华管理学院院长张维迎在亚布力中国企业家论坛上演讲时说道：

我们看一下格林斯潘在1966年写的《黄金与经济自由》一书中对1930年代那次经济危机的解释。他说：当商业活动发生轻度震荡时，美联储印制更多的票据储备，以防任何可能出现的银行储备短缺问题。美联储虽然获得了胜利，但在此过程中，它几乎摧毁了整个世界经济，美联储在经济体制中所创造的过量信用被股票市场吸收，从而刺激了投资行为，并产生了一场荒谬的繁荣。美联储曾试图吸收那些多余的储备，希望最终成功地压制投资所带来的繁荣，但太迟了，投机所带来的不平衡极大地抑制了美联储的紧缩尝试，并最终导致商业信心的丧失。结果，美国经济崩溃了。

……我们今天的救市能不能成功呢？我想也可能会有短期效果。但解决问题最好的办法是什么？是市场自身的调整，政府救市的结果可能延缓市场的调整。打一个比方，现在的经济就像一个吸毒病人，医生给吸毒病人开的药方却是吗啡，最后的结果可能会使问题更严重。这叫“饮鸩止渴”。过度的投资，可能用不了多久，经济又会掉下来，而且，可能会掉得更惨。

美元大幅贬值势必影响其他国家的对外贸易，他们的经济发展也会受到较大程度的影响，在这种情况下，一些国家很可能也会效仿美国，货币竞相贬值，事实这种现象在几次全球联手大降息的过程中已经发生了，这很可能发展为“货币战”。

对于中国购买美国巨额国债资产安全问题，不管是经济学家还是老百姓都非常关心，温家宝总理在两会当中答记者提问时强调，美国应该保持信用、信守承诺,保证中国资产的安全。

2009 年 3 月 21 日,国务院发展研究中心金融研究所所长夏斌在做客中央电视台《经济信息联播》栏目时说道:

国家相当于一个家庭一样,当国家发生危机,比如说一个家庭它有微薄的固定收入,同时借了大量的钱做投机。在投机中间输了怎么办,按照我们中国人的思维很简单,要么破产,不破产接下来出路有三条。第一条,借新债还旧债,你借了这么多钱,现在还,相当于美国还在继续发国债。第二,节衣缩食,过穷日子,美国国民在负债累累的情况下,现在也开始降低消费率、提高储蓄率。第三,这两个还解决不了家庭因投机而面对的困境,怎么办?用中国的话说,很形象的比喻,翻箱倒柜,看看家里还有什么值钱的东西,古董、名画、收藏品拿去卖,换钱还钱,这样就行了。针对美国当前的金融危机,在这个情况之下,不能一味地发美元,也不能一味地发赤字国债,最后又涉及美元的稳定。美国有大量的优质资产,有大量的技术专利,这时候你可以销售一些,我们用我们的外汇储备买你一点比较好的资产,或者说技术、专利,有很多你不愿意出口。我的意思是说,解决美国金融危机问题,我们应该多对美国政府进行这方面的呼吁。

经济刺激方案的底线

2009 年 2 月,美国总统奥巴马在就职以来首次黄金时间段新闻发布会上表示,印第安纳州埃尔克哈特市是美国就业形势最严峻的地区之一,失业率从一年前的 4.7% 飙升至现在的 15.3%。他说,埃尔克哈特市失业人口无力负担债务,只有减少甚至停止消费。消费萎靡使当地经济继续下滑,迫使企业继续裁员,从而形成失业——消费减少——更多失业的恶性循环。奥巴马自问自答:

为什么经济恢复和再投资计划的最关键内容是保住或创造 400 万就业岗位,因为眼下美国人最需要这些。

就经济刺激方案而言,我的底线是:给我一份能创造或保住 400 万工作岗位的法案(以供签署)。

2009年2月,美国总统奥巴马在美国西部城市丹佛签署了总额为7870亿美元的经济刺激计划,这标志着奥巴马"新政"正式付诸实施。奥巴马表示,该计划将为美国保住和创造约350万个工作岗位。

就计划本身而言,首先受益的将是美国的失业者和穷人。失业者领取失业保障的时间将暂时延长,失业金的额度也将增加。救济穷人的食品券计划将得到扩充和延长。数以十亿计的美元将投入再就业培训和临时福利计划。

耶鲁大学校长理查德·莱文说道:

凯恩斯给我们上的最重要一课就是,在这种大衰退的条件下,货币政策没有用,减税也不奏效,只有提高就业率才是正道。如果你真想摆脱危机的话,就必须让失业率恢复到正常水平。6%、5%、6.5%都属于正常。所以这意味着要投更多钱来刺激就业增加。我的建议是整个8500亿美元都花在创造就业机会上。坦率地讲,甚至应该投入1万亿。

美国劳工部2009年2月6日公布的数据显示,美国失业率已从2008年12月的7.2%升至2009年1月的7.6%,创16年来新高。美国国会预算局2009年初预测,如果政府不采取适当措施,美国失业率2010年初将升至9%。奥巴马的经济刺激计划几乎是为就业目标"量身定做"的。

2008年度诺贝尔经济学奖得主、美国经济学家保罗·克鲁格曼认为:

若要失业率降低一个百分点,每年大约需要2000亿美元。据此推算,刺激计划应在8000亿美元左右——与国会2009年2月13日最终批准的7870亿美元相差无几。

然而,胡佛研究所高级研究员、斯坦福大学经济学教授约翰·泰勒表示:

坦率地讲,刺激方案中没有多少东西可以创造需求,对低收入者和失业者的资助是必要的,但是我们不会看到这样的努力会创造就业机会,因此我对这个刺激方案的影响有些担心。

2009年,在美国坊间,盛传美国政府搜捕非法移民的行动有"扩大化"之嫌。大量涉嫌雇用非法移民的工厂和作坊遭到移民局的突袭,以南美裔为主的一批非法移民被颇为高调地遣返。相比经济刺激计划,通过驱赶非法移民为美国人腾出来的职位,明显要快得多,这或许是奥巴马近期授意移民部门加紧搜捕非法移民的一个最合理的解释。值得思考的是,挤出来的这些职位美国人愿意做吗?

美国公司雇佣外国人的最重要考虑就是,可以付给他们更少的钱。与此同时,有些岗位是美国人不愿干或者干不了的,这也给了在美国的外国人以机会。据悉,美国一年发放的工作签证数量(H1B)在8.5万左右。在经济不景气的情况下,如何“保持合法身份”更成了让在美外籍员工寝食难安的“紧箍咒”。

本章参考文献

[1]章玉贵．拯救华尔街催生“新兴凯恩斯主义”[N]．上海证券报,2008-09.

[2]刘建辉．凯恩斯主义复活,引导下一轮救市[N]．每日经济新闻,2008-11.

[3]蒋林．凯恩斯主义、自由市场一个都不能少[N]．广州日报,2008-11.

[4]叶檀．美式救市不止是凯恩斯主义卷土重来[N]．新京报,2008-10.

[5]大卫·伊格内休斯．救市不应仅帮助愚蠢的投资者[N]．新快报,2008-10.

[6]保罗·克鲁格曼．奥巴马应加大投资创造就业[N]．投资者报,2009-02.

[7]樊纲．中国企业专注于低端产业也可称雄世界[OL]．网易财经,2008-12

[8]胡显达．凯恩斯和马克思的对话:如何拯救危机中的世界[OL]．三农中国网,2009-03.

[9]张娟,刘琼．不仅“过冬”,还要“冬泳”——金融危机的中国应对[OL]．今日中国,2009-02.

[10]重读凯恩斯上海金融报[N]．经济观察报,2008-10.

[11]余晓洁,任芳．美专家对奥巴马近8000亿美元经济刺激计划“忧

虑重重”[OL]. 新华网,2009 - 03.

[12]奥巴马. 不良资产收购计划将解冻信贷市场[OL]. 腾讯财经, 2009 - 03.

[13]孙立坚. 流动性陷阱毁了各国联手救市努力[N]. 上海证券报, 2008 - 10.

[14]陈功. 救市计划应警惕日式流动性陷阱[N]. 国际金融报, 2009 - 01.

[15]陆志明. 奥巴马的8000亿救市计划效果如何[N]. 东方早报, 2008 - 11.

[16]石贝贝,李稻葵. 市场经济为何让位于“救火队”[N]. 上海证券报,2008 - 09.

[17]夏斌. 美国大开印钞机对我国未来货币政策影响不大,中央电视台, 2009 - 03.

[18]李华芳. 美联储印钞救市的是是非非[N]. 东方早报,2009 - 03.

[19]美联储收购债券:“印钞机”开足马力造钱[N]. 人民日报, 2009 - 03.

[20]任志刚. Fed无法长期采用增印美元的办法. 财华社,2009 - 03.

[21]任志刚. 警告印钞救经济非长久之策[OL]. 新浪财经. 2009 - 03.

[22]对话胡祖六、肖耿:美国应该加息还是降息[OL]. 腾讯财经, 2008 - 09.

[23]麦嘉华. 伯南克降息举措将摧毁美元[OL]. 中金在线,2008 - 03.

[24]美联储预计将维持低利率政策. 新华社,2009 - 01.

[25]胡婧薇. 谢国忠:过低利率不利于经济[N]. 21世纪经济报道, 2009 - 01.

[26]沈钧. 分析:奥巴马经济刺激计划的赢家和输家. 华盛顿观察, 2009 - 03.

[27]谢国忠. 美国救市措施未能解决根本问题. 凤凰卫视《金石财经》. 2009 - 02.

[28]冯武勇. 奥巴马:确保就业是“底线”[OL]. 新华网,2009 - 02.

[29]严锋. 经济观察:就业——奥巴马经济刺激计划关键词[OL]. 新华网,2009 - 02.

[30]陈永杰．奥巴马制造就业岗位的新招数[N].21 世纪经济报道，2009－03.

[31]刘洪,胡芳．奥巴马签署 7870 亿美元经济刺激计划[OL]．新华网 2009－02.

[32]罗奇剑指格林斯潘 莱文聚焦就业．中央电视台《经济信息联播》，2009－02.

[33]汇丰经济学家:美元储备货币地位比较危险[N]．第一财经日报 .2009－03.

[34]叶伟强．“一个时代已经结束了”——专访索罗斯[J]．财经，2009－03.

第7章

金融崩溃:美国霸权地位衰落

美国衰落了吗? 这是一个经典的问题。1987年,美国历史学家保罗·肯尼迪认为,美国的力量不可避免地衰落了。其后,随着冷战的结束和美国经济的强劲增长,世界却倏忽进入了美国独霸的单极时代。不过,美国人从来没有停止过对美国衰落的担心。保罗·肯尼迪说道:

随着全世界从的确非常可怕的2008年跌跌撞撞走入令人恐慌的2009年,美国的对手似乎有很多理由认为,全球第一大经济体将比大多数其他国家遭受的打击更为严重。

尽管现在俄罗斯、中国、拉美、日本和中东可能都遭受了挫折,但据信,最大的输家是山姆大叔。除了“爬得越高,摔得越狠”这一含糊的论点外,按照什么逻辑会得出今后几年美国将会比其他国家损失更大这一结论呢?

首要原因肯定是美国巨额的预算和财政赤字。单从数字本身来看,全世界没有哪个国家的预算和财政赤字能像美国这么高,即便是按照它们在国民收入中所占的比例来算,其百分比看上去更像是冰岛或一些治理不善的第三世界国家的。在我看来,2009年以及以后美国预计中的财政赤字将会非常吓人。

美国控制世界的三套把戏

美国前国务卿亨利·基辛格曾说过：

如果你控制了石油,你就控制了所有国家;如果你控制了粮食,你就控制了所有人;如果你控制了货币,你就控制了整个世界。

作为世界上的超级强国——美国在做什么？仔细研究历史便可清楚地知道,美国就曾围绕着如何使美元成为影响全球的通用货币和控制石油、粮食这三个方面着手,煞费苦心,力图控制全球,成为全球的主导者。

控制了货币,就控制了整个世界

第一次世界大战前的国际货币体系,是典型的国际金本位货币体系。这个国际货币体系大约形成于1880年,延续至1913年,它是在资本主义各国间的经济联系日益密切,主要资本主义国家实行金币本位货币制度之后自发地形成的。

凭借一个高效的公共信用和货币体系,一个相当规模的金融市场,一个旨在稳定汇率的金本位制度,再加上英国是世界政治经济大国,英镑逐渐成为全世界普遍接受的国际货币,伦敦成为国际金融中心。因此,英国凭借其经济、军事优势,在国际经济交往中对许多国家的货币制度施加影响,促成了国际金本位体系在19世纪70年代的最终形成。

国际金本位制度的建立,确立了英国世界金融霸主地位,英国支配了世界金融体系，这种国际金本位制度持续了30年左右,到第一次世界大战爆发时宣告解体。

1914年第一次世界大战爆发后,各国为了筹集庞大的军费,纷纷发行不兑现的纸币,禁止黄金自由输出,金本位制随之告终。

知名经济学家向松祚在接受《南方都市报》采访时说道：

一战摧毁了金本位制，自然就摧毁了英镑本位制。为了挽救英镑，恢复大英帝国的荣耀，恢复英镑的国际地位，挽救伦敦国际金融中心的地位，英国统治阶级一致认为首要任务就是要恢复英镑与黄金的兑换，即恢复金本位制。然而，当时世界的黄金储备份额美国已大大超过英国，经过了第一次世界大战的英国，财政赤字急剧增加，通货膨胀相当严重，回复金本位制不是不可能，却需要大幅度下调英镑和黄金的比价，即提高黄金的价格。

政治家通常不听从学者的劝告。凯恩斯当时反对英国回归金本位制，主张当时英国的首要目标是维持就业，这样利率就不能太高，但凯恩斯的建议并未被当权者采纳……

1925年4月28日，丘吉尔在议会郑重宣布，英国依照战前汇率平价1英镑=4.86美元恢复金本位制……英、美货币当局为了防止英镑贬值预期导致对英镑的巨大投机压力，大幅度提高伦敦和纽约两大资本市场之利差，以防止资本从英国外逃，或努力促进资本流入英国，以此支持英镑的高汇价。

采取如此极端的资本市场和货币市场干预政策，实际上是公然与真实经济和市场力量直接唱对台戏，尤其是人为地压低美国资本市场之利率，提高伦敦资本市场之利率，终于造成极其严重的后果。首先，英国的高汇率、高利率极大地损害了英国产业的国际竞争力，导致了英国经济严重衰退和通货紧缩，英伦各地罢工频频，怨声载道。其次，纽约资本市场和货币市场的低利率，大大刺激人们肆意借钱投资或投机，直接催生了华尔街股市的惊天泡沫，埋下了华尔街股市最终崩溃和经济大萧条的种子。

而大英帝国最终也没能守住金本位制。1931年9月21日，国内通货收缩和失业压力迫使英国逃离金本位制，英镑随之大幅贬值，从而触发一浪高过一浪的国际货币贬值浪潮。世界各国竞相逃离金本位制和通货收缩的桎梏，汇率贬值此伏彼起，所谓“以邻为壑竞相贬值之汇率政策”应运而生。美国总统胡佛签署一项著名的贸易法案，即臭名昭著的斯穆特—霍利贸易法案，宣布一次性提高进口关税30%，其他国家随即竞相报复，国际贸易急剧萎缩50%。全球经济大萧条的异常后果，它直接催生了惨绝人寰的第二次世界大战。

布雷顿森林体系确立美元霸主地位

20世纪30年代世界经济危机和二战后,各国的经济政治实力发生了重大变化,美国登上了资本主义世界盟主地位。

1938年到1944年,美国工业生产提高2倍。1945年美国工业生产总值占资本主义国家的60%,出口量占1/3,黄金储备达200亿美元,占2/3(1948年这个比例进一步上升为3/4)。战争使美国在政治、经济、军事等各方面都取得了绝对优势。

第二次世界大战即将结束时,美国拥有的黄金占当时世界各国官方黄金储备总量的75%以上,几乎全世界的黄金都通过战争这个机制流到了美国,美国成为最大的债权国。这就使建立一个以美元为支柱的有利于美国对外经济扩张的国际货币体系成为可能。

当布雷顿森林会议于1944年7月召开时,美国的工业产量超过战前的两倍,拥有的黄金储备约占世界总量的2/3,几乎所有的经济总量指标均超过世界上其他国家相应指标之和。而中西欧及其他遭受战争洗礼的国家的经济几近瘫痪——二战之后,美国的霸权到了压倒性的毋庸置疑的地步。

在这一背景下,1944年7月,44个国家或政府的经济特使聚集在美国新罕布什尔州的布雷顿森林,商讨战后的世界贸易格局。会议通过了《国际货币基金协定》,决定成立一个国际复兴开发银行(即世界银行)和国际货币基金组织,以及一个全球性的贸易组织。

布雷顿森林国际货币体系规定了:

● 美元是国际货币结算的基础,是主要的国际储备货币。

● 美元与黄金直接挂钩,其他货币与美元挂钩,美国承担按每盎司35美元的官价兑换黄金的义务。

● 实行固定汇率制。各国货币与美元的汇率,一般只能在平价的1%上下的幅度内波动,因此黄金也实行固定价格制,如波动过大,各国央行有义务进行必要的干预,恢复到规定的范围内。

布雷顿森林体系是以美元和黄金为基础的金汇兑本位制。

从1945年到20世纪60年代早期,基于《布雷顿森林协定》,相对稳定的倾向体系的确给自由世界带来了很多好处,美国则经历了战后经济的快速增长与繁荣。这一期间,大量美元流散世界各地。如果这些美元都在美国国内流通,那么必将导致严重的通货膨胀。

美元成为国际货币的主导货币意味着什么？知名经济学家向松祚在接受《南方都市报》采访时说道：

美元取得“准黄金”的地位，成为全球最主要的储备货币、支付手段、结算工具、价值储藏手段、计价单位、资本市场交易工具、外汇市场干预货币，美国可以靠发行美元，获取铸币税和通货膨胀税。任何一个掌管货币发行权的政府，在一定的限度内，都可以通过增发货币来获取真实财富。当然，一般的主权国家政府，其货币不是国际流通货币，流通量有限，滥发货币的能力有限，征收通货膨胀税的能力有限。美国不一样，它是全球霸权，美元全球流通，全世界都接受。所以在相当的限度内，美国可以通过滥发美元向全世界人民征税。也就是说美国可以转嫁危机，让全球人为其财政赤字买单。但在布雷顿森林体系下，美元的发行还是受到约束的。因为按照条款，其他国家手头的美元可以按照固定的价格(35 美元兑换 1 盎司)兑换成黄金。若美国乱搞，发行美元太多，其他国家就可能失去对美元的信任，将美元拿到美国财政部兑换黄金。黄金储备的下降会约束美元的发行。

布雷顿森林体系崩溃

布雷顿森林体系存在着自己无法克服的缺陷。其致命的一点是：它以一国货币(美元)作为主要储备资产，具有内在的不稳定性。因为只有靠美国的长期贸易逆差，才能使美元流散到世界各地，使其他国家获得美元供应。但这样一来，必然会影响人们对美元的信心，引起美元危机。

20 世纪 60 年代后期，美国进一步扩大了侵越战争，国际收支进一步恶化，美元危机再度爆发。1968 年 3 月的半个月中，美国黄金储备流出了 14 亿多美元，仅 3 月 14 日一天，伦敦黄金市场的成交量达到了 350～400 吨的破纪录数字。

美国发动侵越战争(1961—1975 年)，财政赤字庞大，不得不依靠发行货币来弥补，造成通货膨胀。加上两次石油危机，石油提价而增加支出；同时，由于失业补贴增加，劳动生产率下降，造成政府支出急剧增加。美国消费物价指数 1960 年为 1.6%，1970 年上升到 5.9%，1974 年又上升到 11%，这给美元的汇价带来了巨大冲击。

1971 年 7 月第七次美元危机爆发，尼克松政府于 8 月 15 日宣布实行“新经济政策”，停止履行外国政府或中央银行可用美元向美国兑换黄金的义务。这意味着美元与黄金脱钩，支撑国际货币制度的两大支柱有一根已倒塌。

中国宏观经济学会常务副秘书长王建说道:

布雷顿森林体系解体的原因主要有两个,一个是美国打越南战争耗费太大了,发生很多赤字,为了弥补赤字就要多发货币,但是货币发多了,35 美元对一个盎司的固定比率就没法维持,而这是布雷顿森林体系的核心。还有就是美国因为二战以后取得了世界的货币霸权,每年都可以向外大量地输出美元,所以海外流通的美元相当于本土美元的60%,这样就在欧洲形成一个欧洲美元市场。在欧洲形成存贷款业务,等于是欧洲也在创造美元,欧洲所创造的信用美元流回美国,也增加了美国的货币供应,使美元与黄金的固定比率难以维持,就导致了原有的、与物质产品挂钩的货币体系的崩溃。

欧洲从 20 世纪 50 年代就搞"煤钢联营",六、七十年代已经有了欧共体,所以欧洲人与美国人早就不是一个劲。但是一直到(20 世纪)80 年代,国际主要矛盾是意识形态的两霸之间的矛盾。所以大家为了让美国出人出枪给欧洲人保驾护航,大家听美国的,我不搞货币霸权,我搞统一市场。当时有一个准货币形态,就是欧洲货币结算单位,以马克为核心,上下浮动20%,大家都盯马克。布雷顿森林体系取消以后,欧洲货币都盯马克,亚洲国家盯美元,日元是自由浮动,就是牙买加体系,替代了布雷顿森林体系,欧洲人也没说我搞统一货币。

到 1971 年,美国的黄金储备(102.1 亿美元)仅是它对外流动负债(678 亿美元)的 15.05%。此时美国已完全丧失了承担美元对外兑换黄金的能力。于是,尼克松总统不得不于 1971 年 8 月 15 日宣布停止承担美元兑换黄金的义务。

知名经济学家向松祚在接受《南方都市报》采访时解释了当时尼克松做出这种决定的原因。向松祚说道:

源于美国对自己的财政政策和货币政策约束不够。先是朝鲜战争,接着是 14 年的越南战争,约翰逊总统大搞大规模的基础设施建设,导致美国财政赤字连年扩大,被迫开始大量发行美元来弥补赤字。到 1968 年,美国官方的黄金储备已经大幅减少,由 1945 年有 7 亿盎司(21770 吨)下降到 2.96 亿盎司(约合 9200 吨)。到 1970 年,美国的黄金储备下降仅占资本主义世界黄金储备的15.5%。

当美国的黄金储备大量减少,发行的美元大量增多,市场上就出现美元大幅贬值、金价上升的预期。1971年7月,美元危机再次来临,尽管美国尝试用黄金价格的双轨制来解决危机,但8月初金融市场上盛传法国等西欧国家要以大量美元兑换美国政府储备黄金的消息,让美国深刻感受到:必须要尽快为美元寻找到更适合发展的出路,避免类似的危机严重威胁美元的生命和美国的金融安全。

这是一个划时代的事件。布雷顿森林体系的解体,标明纯粹美元霸权的正式形成,开启了不受约束的美元本位制度,美元的发行再也不受任何约束,美国依靠其强大的军事力量、经济力量和科技实力,来保证美元在全球的“价值”。我们必须高度重视一个重大的历史事实,那就是1944年布雷顿森林体系建立到1971年,全球没有出现过什么金融危机,只有几次小规模的汇率危机,欧洲、美国、日本的真实经济增长速度非常快。然而,1971年布雷顿森林体系崩溃之后,全球范围大大小小的金融危机平均每三年就要爆发一次。许多学者做过统计分析,自1971年至今,全球出现过110次不同程度的金融危机。相应的,美国、欧洲和日本的真实经济增长却远远低于1944至1971年代。麦金龙称这个异常鲜明的对比是“最值得经济学深入研究的重大历史之谜”。我认为答案的核心就是不受约束的美元本位制和浮动汇率体系。

1973年3月因美元贬值,再次引发了欧洲抛售美元、抢购黄金的风潮。西欧和日本外汇市场不得不关闭了17天。1973年3月16日,欧洲共同市场9国在巴黎举行会议并达成协议,联邦德国、法国等国家对美元实行“联合浮动”,彼此之间实行固定汇率。英国、意大利、爱尔兰实行单独浮动,暂不参加共同浮动。此外,其他主要西方货币也都实行了对美元的浮动汇率。至此,战后支撑国际货币制度的另一支柱,即固定汇率制度也完全垮台。这宣告了布雷顿森林制度的最终解体。

布雷顿森林体系崩溃以后,国际货币基金组织和世界银行作为重要的国际组织仍得以存在,并发挥重要作用。

控制了石油,就控制了所有国家

当西欧和日本等国家经济不断发展,美元地位不断下降时,美元与黄金挂钩的体系无法维护,美元的世界通货地位也面临挑战。寻找替代黄金内在价值的物质,成为维护美元地位进而维护美国霸权的基础。石油因为美元的战略需要和其在现代经济中不可或缺的地位而得到美国的青睐。

只有控制石油才能控制美元的内在价值。要控制石油,必须控制中东,要控制中东,必须分裂中东,要分裂中东,就得挑动战争。

1973 年底,石油危机爆发,油价飞涨,这给了美国找到可以替代黄金的硬通货的机会。到 1975 年,美国与海湾国家相继签订协议,协议的主要内容只有一个:这些国家只用美元进行石油结算。

在美国的威逼利诱下,美国与世界上最大的产油国沙特阿拉伯达成一项"不可动摇"的协议,双方确定把美元作为石油的唯一定价货币,并得到石油输出国组织(欧佩克)其他成员国的同意。

从此以后,石油代替了黄金,和美元结成了互为参照物的关系,美元因为成功地与石油挂钩,再一次成了世界基准货币。世界货币体系由此正式进入了"石油本位"时代。

进入 21 世纪,大国之间的角力仍然是国际大棋局的主流。这种角力不仅表现在政治上,更多的是表现在经济上。大国在石油等能源领域的争夺是近十几年来日益突出的现象,争夺之激烈令人不禁联想起殖民时代对全球势力范围的巧取豪夺。也许,这正是一种新的瓜分势力范围的大国时代,只不过现在争夺的对象是石油。

正如世界政策研究所(World Policy Institute)高级研究员詹姆斯·H. 瑙特在接受《全球财经观察》采访时说道:

在这个相互依存的世界经济体系中,几乎没有国家能自我供给所需的石油,无论是美国还是中国。

在现代工业经济体系中,没有一个国家能够保证自我供给充足。在今天的时代,任何一个国家想要自我充足供给都要付出巨大的代价。

2001 年,"9·11"事件的第二天,联合国就赋予美国"采取一切必要手段"应对这场袭击的权力,美国由此得到了一个用强硬手段掌控欧亚地区的机会,一面大打反恐牌,一面告诉其他国家,这纷乱的世界少不了美国出面维持秩序。

美国首先是靠军事控制世界资源的,美国是世界上军事开销最大的国家,花在军事上的钱比"世界军事支出榜"上排名在第 2 到第 14 名的国家加在一起的还多。只要军事强有力,还能对世界资源有效控制,它就能保证世界资源采购多以美元结算,这样美元就能支撑美国金融,美国就不会垮。假定美国现在在中东的军事仍保持着持续胜利的态势,国际上对美国的信心指数还会上扬。信心指数并不主要是对现实的肯定,而是对未来的肯定。

伊拉克战争是冷战结束之后,美国在中东地区继海湾战争后采取的第二次大规模军事行动,最终,美国推翻了萨达姆政权,对伊拉克进行了军事占领。美国对伊拉克的战争,是主要国家对中东地区的石油资源争夺的延续。更为重要的是,由于欧盟、中国、日本、印度等国家和地区对中东地区的石油资源存在着严重的依赖,所以,美国在中东主导地位的进一步确立,使美国霸权地位更加稳固。

美国为什么不顾联合国安理会多数成员国的反对,一意孤行发动了伊拉克战争?难道真的像美国政府所标榜的那样是因为伊拉克拥有大规模杀伤性武器和萨达姆独裁之类的政治原因吗?不少政治观察家早就看出,美国的真正目的是看中了伊拉克丰富的石油资源。

美国著名经济学家、诺贝尔经济学奖获得者约瑟夫·斯蒂格利茨和哈佛大学讲师琳达·比尔姆斯指出,如果美国发动的伊拉克战争能在2017年结束的话,美国人将一共支出3万亿美元。虽然美国新任总统奥巴马表示将履行从伊拉克撤军的竞选承诺,尽快以"负责任"的方式从伊拉克撤军,但是伊拉克战争何时结束,人们只能拭目以待。如今,美国整个经济体系走到了不平衡点上,同时表现为金融危机和美元的贬值。美元在世界各地的支配权处于危险境地。

控制了粮食,就控制了整个人类

美国前国务卿亨利·基辛格曾经在20世纪70年代说过这样一句名言:"如果你控制了粮食,你就控制了整个人类。"

基辛格讲这句话是有背景的。伊朗《德黑兰时报》披露了美国20世纪70年代针对欠发达国家人口增长问题制定的一份秘密计划:基辛格领导下的美国国家安全委员会1974年12月10日完成了一份长达200页的研究报告——《国家安全研究备忘录200:全球人口增长对于美国安全和海外利益的牵连》。报告认为欠发达国家人口的增长对美国国家安全是严重威胁,提出通过控制生育,隐含的还有通过控制粮食等办法来降低这些国家的人口增长速度。福特总统1975年将报告中提出的建议列入官方政策,接替基辛格出任国家安全顾问的布伦特·斯考克罗夫负责政策的执行。于是,粮食“利剑”出鞘。

美国通过政府的巨额财政补贴廉价出口粮食,抢占国际粮食市场。亚洲曾是大豆的主要出口国,但因美国抢占市场,亚洲国家都成为了大豆进口国。美国政府之所以愿意用巨额补贴鼓励农产品出口,其目的正如美国里根政府的农业部长约翰·布洛克说的:

粮食是一件武器,用法就是把各国系在我们身上,他们就不会捣乱。

美国也正是利用粮食来保持其大国地位的。

据估算,一个国家每进口100万吨粮食,就会有130万农民暂时赋闲。离开土地的农民必然进入工业品生产线,变身成为产业工人。当农业大国变成了轻工业生产中心时,美国又开始低价买入这些国家出产的、包含了大量资源和劳动力价值的工业品,把污染和通货膨胀留给了这些国家。

著名经济学家郎咸平曾在一次演讲中这样说道:

喜欢吃大米的国家都是有贫穷落后的问题,这些国家与吃小麦的国家相比一般而言都是比较贫穷的。这些贫穷的国家,老百姓吃大米,如果买不到大米怎么办?很简单就饿死了,你这个不用怀疑。饿死怎么办呢?饿死就饿死了!所以,把大米价格一炒高以后,这些吃大米国家的政府立刻面临倒台的危机,大米价格一上升,各国政府就配合国际炒家,像越南一样,不让大米出口,为什么呢?首先保证本国人民不被饿死,因为一饿死政府就倒台,亚洲这些产稻米的国家不让稻米出口了,如果你不让稻米出口是什么结果呀?价格更涨。那些穷国,比如说菲律宾他买不到大米了,国际炒家就这么厉害,大米价格一炒高,各国政府为了保全政权的稳定就不出口大米,越不出口,价格越高,更穷的国家买不到大米,又没有钱,必然的结果是这些不太生产大米的国家一定会有人饿死,一旦走到这么一天,这些穷国一定会尽自己的最大力量,砸锅卖铁,到处借钱也好,他什么都顾不上,他只能是做什么,只能去国际市场上用这么高的价格买大米,以防止自己本国的老百姓饿死。如果所有的国家都是这个逻辑,怕老百姓饿死,政府倒台,在所有国家都不出口稻米的情况下,不得不接受国际炒家最高定价,只要有一个政府去买,这个价格就是市场价格。懂了吗?就像你炒股一样,今天的收盘价是什么价，比如说两点多价格是13块，为什么？因为有人在13块交易，12块交易就是12块，这就是市场价。因此，这些穷国家的政府在求爷爷告奶奶，砸锅卖铁的情况下，筹出这么一点点钱在国际市场上只要买一点稻米，这个最高的天价就是稻米的市场价。在这个时刻你知道不知道发生了什么事？那就是稻米的定价权由过去的供需双方决定，改成了国际金融炒家的定价，就形成了国际金融炒家最终定价权。

迈入2008年，粮食安全的警钟再次在全球敲响。“全球米贵”让粮食安全成为与次贷危机并列的世界热点话题。联合国粮农组织称，全球粮价上涨已在37个国家引起粮食危机。在国际粮价普遍大幅飙升的大背景之下，中国除大豆及相关制品以外的农产品地因对外依存度过高而未能幸免。自20世纪七十年代全球食品大短缺以来，粮食安全如今再度成为很多国家的心头病，英国商业农业集团主席亨利·菲尔说：

全世界的现状是，我们已经从一个粮食供应充裕的时代进入到非常短缺的时代。

看看墨西哥，面包由一元钱涨到了五元，埃及的大米一斤七元！意大利因为粮价过高，人民生活艰难，上街乞讨的一批接一批。泰国大米，闻名天下，这个世界出口大米第一的国家，也开始限制起泰米出口了。为什么顷刻间粮食成了人们最为关心的头等大事？这就是粮食危机。又称沉默的海啸。

在过去几年，小麦、玉米、稻米和其他基础粮食的价格升至两倍甚至三倍，而且大部分的增长就发生在过去几个月。高粮价甚至令相对富裕的美国人都感到难过，但它们的破坏力真正体现在贫穷国家，在那些国家，粮食消费常常占家庭支出的一半以上。

2008年，西班牙《起义报》将“现代经济史上第一次同时发生的互相影响、相互关联的三重危机——金融危机、能源危机和粮食危机”，放在一起观察，得出“世界面临一场空前的经济地震”的结论。眼前这三重危机是一场指向性很强的“世界经济地震”。在这场“世界经济地震”中最先坍塌、损失最为严重的也是经济基础最脆弱的国家。

2008年，石油价格一路飙升，进一步刺激了受补贴的生物燃料生产的日益增长，提高了作为粮食作物替代品的玉米、菜籽油及其他谷物与食用油的

需求。国际货币基金组织(IMF)的世界经济展望(*World Economic Outlook*)报告称:

虽然生物燃料仍然只占全球液态燃料供应的1.5%,它们却占了2006—2007年主要粮食作物消费增量的近一半,主要原因是美国用玉米生产乙醇。

英国政府前首席科学顾问戴维·金博士也曾表示:

很明显,某些生物燃料对粮价有很大影响。通过支持这些而做的一切都是在刺激高粮价,而对于解决气候变化问题毫无助益。

据英国《卫报》获得的世界银行的一份报告称,"2002年至2008年2月,国际粮食价格上涨了140%,促成这一涨幅的因素中,化肥和农药价格的上涨仅占粮价上涨幅度的15%,而生物燃料则占粮价涨幅的75%,远远高出早先的估计。"

世界粮食问题专家齐格勒认为,导致国际粮价上涨的原因主要有三个:

一、美国、德国等西方国家在减少本国二氧化碳排放的过程中采取了一种错误的政策,让汽车与发展中国家的饥饿人群争粮吃。仅美国每年就要烧掉1.38亿吨玉米,生产一箱油需要的粮食足够一个孩子吃一年。德国则计划到2009年将生物柴油的比例提高到7%,以减少汽车废气对环境的污染。人们不禁要问:为什么非要让汽车与穷人争粮吃,他们就不能少开几天汽车吗?

二、股市投机资本的兴风作浪。他们将大量资金投向农产品期货,哄抬农产品价格,不顾穷人死活,只顾追求利润。

三、欧盟对农产品的出口补贴。这导致发展中国家的农业失去竞争力,并进而萎缩。如有些非洲国家,市场上充斥着来自欧盟的食品。随着国际价格上升,当地居民对进口食品已不敢问津。而本国农业因长期受进口食品的打击,又不可能在短期内恢复。其结果是世界上每5秒钟就有一个孩子饿死。

原以为资助把粮食作物转换成燃料将促进能源独立,有助于限制全球变暖。但诚如《时代》的直言,这个承诺是一个"诡计"。即使是那些看似"好的"生物燃料政策,例如巴西从甘蔗提取乙醇,也由于刺激森林开伐而加速气候变化。

联合国国际农业研究磋商小组的粮食专家2008年4月呼吁，停止使用以粮食为原料的乙醇类生物能源，以缓解日益严重的全球粮食危机。发出倡议的是国际农业研究磋商小组下属国际粮食政策研究所负责人乔基姆·冯·布朗。布朗说道：

如果生物能源大国今年(2008年)能停止使用生物能源，可帮助全球玉米价格在2009年至2010年回落20%左右，小麦价格可望回落10%。

当2008年，油价突破100美元，美国国会通过了《新能源法案》，要求大幅缩减农作物出口，将其用于开发新能源。这必将近一步推高食品价格，损害他国利益。联合国粮食及农业组织专家琼·齐格勒曾警告说：

一些国家将粮食转化为燃油的做法是一种“反人类罪”。

超级美元的衰败

全球的金融危机会否撼动美元的国际货币地位，这是目前金融市场上的焦点问题，因为一旦美元的地位出现动摇，那么未来全球的货币市场将遭遇无秩序状态，对经济的冲击很难想象。欧元之父蒙代尔在接受中央电视台《经济半小时》节目采访时说道：

如果没有了美元和弹性汇率，世界会一片混乱，因为世界上将会有200种货币和成千上万种汇率，人们将无所适从。

自1944年布雷顿森林体系确立以来，美元作为国际储备货币的地位就坚不可摧。与此同步的是，二战期间，美国成为世界第一强国，在政治、经济和军事等各项实力上，都占据了明显的优势。由此，美元成为了世界最重要的优势货币。

1967—1968年出现英镑危机，英镑从此退出与美元并肩的历史舞台，世界货币体系从此脱离黄金——美元——英镑的“多中心”，转变为美元一币独大。

1977—1978年出现全球货币危机，使美元与黄金脱钩，布雷顿森林体系解体。布雷顿森林体系之后，世界进入浮动汇率时代，有人称之为“牙买加体系”，也有人称之为“没有体系的体系”。在这一体系下，依仗着美国雄厚的经济实力,美元的霸主地位仍得以保留。直至现在,美元仍是主要的国际计价单位、支付和储备手段。

当然,美元抗衡其他货币的威胁,也有赖本身实力。

当数十年来掌控全球金融的华尔街模式轰然坍塌后,常能听到“美国怎么会沦落到这种境地?”的感叹。事实上,美国国内舆论很早以前就时不时地发出过类似感叹。在欧洲美元被欧元取代时,美国人就曾发出苦涩的感叹。当报纸登出伊拉克战争和阿富汗战争的阵亡者名单时,美国人也曾有过“既然开战了,为什么不能获胜? 美国是怎么了?”的不甘。

“华尔街危机”就这样把美国人长久以来的心理创伤搅得更加疼痛难忍。

欧元之父蒙代尔表示:

> 在长达90多年的时间里,美元都占据着世界储备货币的地位,目前在全世界流通的美国货币总额已达将近7000亿美元,其中仅有1/3在美国本土流通,其余2/3都在境外流通……虽然欧元等强势货币的出现在金融市场上分担了美元面临的种种压力,但美元的霸主地位仍不可撼动。
>
> 毫无疑问,美元的主导位置应该被取代。但是,目前还没有一种货币能够完成这个任务。

就目前的货币体系而言,欧元和日元是除美元之外影响力较大的全球性货币。某一币种的影响是与该币种所代表的经济体的经济实力完全相关。从目前金融危机的演化来看,由于美国凭借美元的优势,使此次危机对其他经济体的影响要远大于对美国的影响。因此,从经济层面来看,美元并不会因为金融危机而受到欧元和日元的冲击。

美元霸权地位还在于美元拥有一种特殊的魔力,它是迄今为止唯一一个几乎可以靠意志支撑汇率的货币。美元汇率表面上是由市场交易出来的,但长期来看,却是由汇率政策和国家利益决定的。正因如此,从长期来看,我们看到了美元汇率与美元利率、美国股市之间经常出现背离。

国际货币基金组织的前首席经济学家肯尼斯·罗格夫在其文章《超级美元的衰败》中写道:

> 美国人的好消息是,世界交易和金融体系存在巨大的惰性。历经几十年和两次世界大战英镑才失去其超级货币地位。现在美元还没有任何明显

的继任者。确实，次级房贷危机让欧洲的金融体系看起来也和美国的一样弱不禁风。同样道理，尽管人民币可能在50年内称雄世界，但是中国百病丛生的金融体系不会让它马上就加冕。即使某些石油输出国组织领导人（像委内瑞拉的查韦斯）公开地呼吁打击美元，绝大部分世界贸易还是以美元计价。各国中央银行所持有的外汇储备的一半以上依然是美元。

但是还有很多危险信号。除非美国立即行动起来，否则，其超级货币霸主的地位就会大为减损。美国的纳税人一贯以痛恨加税著称，他们可能会开始考虑美国超级大国地位的实际的经济代价。

华尔街大量濒临倒闭的金融机构需要美国政府的“救赎”保全，恶化了美国政府的财政状况。但令人费解的是，由美国金融危机引发的全球金融动荡在国际外汇市场上的反应却完全不同。2008年8月到10月间，美元汇率在国际外汇市场上逆势上行，在短短的两个月内美元对欧元升幅超过了25%，对其他主要货币（除日元外）均有不同程度的大幅升值，美元升势的凌厉与当前美国经济基本面和金融形势形成巨大的反差。

日本Monex公司创始人Oki Matsumoto认为，次贷危机发生会导致美国政府的资产负债表恶化，但这并不表明全球对美元的需求会减弱。相反，全球对美元的需求还是存在的，他指出，日本的投资者对非日元外币的债券投资并未减弱，这也会阻止美元下跌。

在2008年夏季达沃斯上，黑石集团中国区董事长梁锦松指出：

虽然从全球经济方面看，未来将出现美国、欧洲、日本、中国等组成的多极世界，但从可投资资产的规模来看，美元的地位仍难以替代。美元或者是美国的资本市场仍然是占世界可投资资产的一半，你想去掉美元，但实际上你没有太多其他的选择。

中国银行副行长朱民也表示，从美元的全球地位来看，美元仍然占全球24%的战略储备，并占到11%的世界贸易份额，在3—5年内，不会发生变化，其地位尚无法撼动。朱民说道：

从全球角度看，华尔街金融市场对于全球经济非常重要，美元对金融市场更为重要。如果我们看一下货币的情况，一个事实就是，美元继续走软会使每个人受伤。在短期或者中期还没有美元的替代品，我们仍然必须重视美元。另外，这场危机并不能完全影响美元的资产。但美元会改变一切，会改变商品价格和油价，并且美元在市场上的波动性也会对贸易产生很大影响。

即使如此，美元同样受到了挑战，国务院发展研究中心金融研究所副所长巴曙松认为，美元虽然仍然占据着“货币金字塔”的最高层。但是美元的主宰地位也存在明显的威胁、风险和挑战。他在其文章《欧元能否取代美元的主宰地位》中写道：

这（种威胁）主要来自于美国的贸易赤字，以及近期动荡的金融危机中大量的货币发行。按照历史标准衡量，赤字规模已经达到了前所未有的高水平。如果依据国际收支平衡表中经常账户的差额衡量，最近几年，这些差额在不断地膨胀。2006 年，该差额已经达到了 8500 亿美元，相当于当年 GDP 的 6.5%。美国的各年度支出均远超收入，并依靠国外资本弥补这些差距。事实上，美国在消费全球储蓄。

这些不断扩大的收入与支出差距使其吸收了全球 2/3 以上的储蓄，同时也不断拉高美国的外债规模。据粗略估计，美国的外债总额已经超过 16 万亿美元。除去美国的海外净资产，美国的净外债在 2006 年底也达到了 2.5 万亿美元，相当于当年 GDP 的 1/5……

美国“过度的特权”能够在多大程度上继续维持其“堆积如山”的外债？很显然，任何特权都有耗尽的一天，美国不可能使其支出永远超过其收入。因此，如果不采取重要的政策改革以扭转贸易赤字，那么，世界对美元的信心迟早会走向尽头。

自从此次金融危机爆发以来，改革现行国际金融秩序，改变现有的美元主导地位，建立新的国际货币体系已成为许多国家的共识。2009 年 3 月，中国人民银行行长周小川撰文提出创建“超主权储备货币”的主张，迅速得到了联合国、国际货币基金组织以及许多国家的呼应。

美元大幅度贬值

摩根斯坦利 2008 年 6 月出台的报告表明，“在 190 个被调查国家中，已经有 50 个正在经历高达两位数的通货膨胀”，包括绝大多数新兴市场。有数据表明,地球人口的一半正经历高达两位数的通胀。经济全球化第一次使通货膨胀的全球性传导成为了可能。

2008 年 3 月 7 日,据英国媒体报道,非洲国家津巴布韦近来物价飞涨,通货膨胀率已达令人吃惊的 100500%,当地货币的纸面价值已经低于纸的价值。

美国经济学会副主席、哈佛大学经济系教授罗伯特·巴罗在接受《21 世纪经济报道》采访时说道:

我觉得新兴国家的通胀和美国的国际收支赤字有直接关系。一直以来,由于美国对中国和亚洲其他国家的商品需求非常强劲,这导致大幅贸易赤字,中国等亚洲国家积累了大量的美元储备,由于这些国家的货币直接或间接和美元挂钩,导致这些国家的货币发行膨胀过快。

假如一个人欠了 100 美元,当通胀发生后,他需要偿还的 100 美元,已经不再值 100 美元了,这样他的债务相当于减轻了;个人如此,国家债务也是如此。

要知道,美国国债欠的可不只是美国人自己的钱,当美国人的储蓄都不够政府开支时,美国需要向世界其他国家借钱,比如中国。中国产品出口到美国,数额远远大于美国产品的进口,这样积累下来的贸易顺差,实际上相当于中国借钱给美国。中国的外汇储备里积累的美国国债越来越多,当美国政府使用金钱魔术让美元贬值的时候,美国人欠中国人的钱也被“逃废”了。这是一种全球范围内的金融市场扭曲。

曾担任国际货币基金组织首席经济学家的肯尼斯·罗格夫在其文章《超级美元的衰败》中写道:

法国前总统戴高乐曾经引人注目地抱怨美国的“嚣张特权”。美国似乎可以让世界充斥美元货币和债务,而不必为更高的通货膨胀或者利率而付出代价。戴高乐对此十分气恼。

价值 8000 亿美元的货币供应中至少有一半是在外国持有,主要是在世界上的地下经济。但是,中日两国中央银行持有巨额低息美元债务,而美国人则用风险资本、私人股本以及投资银行在世界上横冲直撞,赚取巨额收益。这才是真正的大钱所在。

美国风光了一阵,而且美国的金融霸主地位肯定消除了其作为超级大国的负担。

美国掌握着全球大宗商品的标价权和定价权,全球超过80%的外汇交易和超过50%的全球出口是以美元来计值的。因此,世界各国都不得不将美元作为国际“通货”来储备。美联储在某种程度上扮演着“世界央行”的角色。

由于美元是国际储备资产,美国贸易伙伴的美元储备资产随着贸易盈余的增加而相应增加,导致这些国家内部信贷规模膨胀、资产价格出现泡沫。而大量美元重新流入美国市场也造成美国国内信贷和资产价格膨胀。

投资大师乔治·索罗斯一语道出了次贷危机的事实真相:

当前的危机并不仅仅是房产繁荣之后的泡沫破裂,它根本上是为期60年、以美元为储备货币的持续信贷扩张时代的终结。

美国政府和华尔街之所以都纵容泡沫,是因为可以从泡沫中得到好处。对政府而言,它利用了美元作为国际储备货币这个特性,大量发行美元,通过先贬值后升值的做法将泡沫转嫁给了全世界。

美元的含金量:1945年,每盎司黄金的价格为35美元;到了2008年,金价围绕950美元波动,即美元贬值了96%,金价提高到27倍。

美国的财政赤字:从1948年到1979年的30年,累计只有297.7亿;2008年10月14日,美国财政部宣布,2008财年联邦政府财政赤字达到惊人的4548.1亿美元;更令人忧虑的是,由于2008财年的截止日是9月30日,“7000亿美元救市资金”并没有被计算在内,2009财年的财政赤字可能超过8000亿美元。

为了将美国拖出“大萧条”以来最严重的衰退,美国总统奥巴马2009年2月26日提出了上任后的第一份预算案,规模高达3.55万亿美元。不过,如此宏伟的开支也将使得美国2009年的预算赤字达到1.75万亿美元,为二战以来最高水平。较2008年创下的4550亿美元历史新高超出近300%。

适逢全球联手救市的关键时刻,相关数据引发人们对于美元贬值、美元资产缩水的担忧。为了对付次贷危机,美国可以增加数千亿美元的财政支出,可以直接干预金融市场和金融机构,可以无节制地印制美钞,可以一而再再而三地降低利率,可以让美元大幅度贬值,制造“通货膨胀”,可以让全世界的投资者和储户为赖账的美国家庭买单。

全国人大财经委委员、社科院副所长于祖尧在其文章《贪婪导致危机——从“次贷”危机透视美国经济》中写道：

财政赤字长期居高不下，政府入不敷出。财政收支平衡，是政府有效履行职能的物质保证，也是国家经济可持续发展和有效运用财政政策实施宏观调节的必要前提。但是，美国政府无视财政运作的基本规则，长期奉行赤字财政，依靠发行国债来弥补财政亏空。1980 年，美国财政赤字为 762 亿美元，占 GDP 的 1.94%；2005 年达到创纪录的 4992 亿美元，约占 GDP 的 4%。

巨额外贸赤字拖累了世界经济。进出口贸易平衡，是一国外贸可持续发展的前提。但是，如今美国却背上了巨额外贸逆差的沉重包袱。2006 年，美国外贸逆差高达 8830 亿美元，居世界之首，占全球外贸额的 1/3。据此，美国为了弥补巨额逆差，每个交易日必须借 34 亿美元外债。

一方面在国内外大肆举债，另一方面无节制地滥发国债，造成债务恶性膨胀，经济虚拟化、泡沫化。美国 2006 年净外债对 GDP 的比例达到 50%，经常项目的赤字为 8000 多亿美元。美国国家审计署资料显示，美国内外债余额为 53 万亿美元，为 GDP 的数倍；金融资产的市值达到 46 万亿美元的规模。滥发美元和债券，导致金融业恶性膨胀，第三产业畸形发展，经济整体虚拟化、泡沫化。

美国经济这座庞然大厦隐含着深刻的危机，根基正在动摇。“次贷”危机只是冰山一角，是资本主义经济危机的导火索。随着“次贷”危机的扩散和蔓延，实体经济的危机必然产生。“次贷”危机一开始影响的是美国的房地产业，导致房地产价格大幅度下降和房地产投资急剧萎缩，其后影响到能源、汽车等行业，目前事实上已经发展为一场经济危机。

独立经济学家谢国忠在其文章中写道：

西方国家的经济正在朝着通胀的方向发展，债务向政府和央行的转移无疑是变相向市场注入资金，引发通胀。通胀将会减轻它们的债务压力——通过掠夺那些过去几十年来积累了大量外贸盈余、手持巨额外汇储备的国家，这可能是历史上最严重的一次抢劫。

美国经济学会副主席、哈佛大学经济系教授罗伯特·巴罗在接受《21 世纪经济报道》采访时说道：

（弱势美元）不是美国的基本政策，美元汇率不是政府关心的。政府所关心、过去努力做和正在做的是影响宏观经济达10年以上的事,比如通货膨胀,比如实体经济增长和就业,有时他们也关心资本市场。美国既没有强美元也没有弱美元政策。美国之前真实利率是3% ~4%,现在几乎是0,远比其他国家低。欧洲一些国家利率最近提高了2个百分点,美国还不能这么做,因为美国经济依然很弱,要为金融机构提供流动性。但是美国也很担心通货膨胀。

美国经济学家米尔顿·弗里德曼同样认为:“高通货膨胀是因为政府印刷货币太多。就是这么回事。那就是唯一的原因,哪里都如此。”他认为经济管理当局实际上比较偏爱通货膨胀。用增加货币数量的方式增加政府开支、刺激经济是政府最常用、最喜欢用、也最能立竿见影的办法。美联储主席伯南克就有一句名言:“如有必要,央行必须用直升机撒钱。”

中国人民大学财政金融学院副院长、金融与证券研究所副所长赵锡军在接受中央电视台《经济半小时》节目采访时表示:

美元为什么会贬值?是由于美国的金融有些问题了,那出发点就是去年(2007年)产生的次贷危机。

美联储大量地发放贷款,降低利率,导致美元在全球市场上面越来越多,那其中很多商品的价格是用美元衡量的,因为现在美元在全球市场越来越多,那每一种商品的价格都会上升。

美元贬值使得美国变相地利用全球财富来弥补美国巨额的财政赤字和贸易逆差,同时,还向全球输出了通货膨胀,造成了包括原油在内的基本商品价格大幅上涨。从2007年到2008年石油高涨的过程中,美元贬值对油价上涨的贡献率高达60%。赵锡军认为:

油价问题的核心问题呢,是美元的问题。

博鳌亚洲论坛顾问丁大卫在其文章《美国赤字加剧的中国问题》中写道:

美国赤字不仅是美国人自己的事情,它关系到全球的经济发展和金融稳定。目前,日本和中国分别是美国第二和第一大的贸易顺差国,又同时是美国第一和第二大的国债持有国。无法得知中日是否会继续购买美国国债,一旦外来的现金流中断,美国国债发不出去,或外国抛售美国债券,美国政府乃至经济就很难正常运转,就必然发生美元及美元资产的大幅贬值,美国人生活水平下降。此外,由于全球经济很大程度上是以美元为坐标的,因此,美国经济大衰退一定会导致全球经济的倒退和混乱,其中很可能包括人民币汇率大幅升值,因为人民币汇率大幅升值对减少美国与中国的贸易逆差有着立竿见影的效果。而人民币汇率大幅升值,将给中国的外贸出口乃至整个经济发展带来极大的牵制和打击。

"美国衰落"再次唱起

"2007年是美国走向衰落的标志性年份!""今日美国就如同昔日崩覆前夜的东罗马帝国!"在金融危机发生之际,"美国衰落"这一老生常谈的话题被再次唱响。

事实上,在美国确立全球霸主地位的60多年间,唱衰美国的言论已多次出现。然而,不可否认的是,美国治理世界的能力被明显削弱,其引以为豪的"软实力"从未像今天一样为世界所诟病,这种奇怪的现象又该如何解释呢?

伊拉克战争带来的创伤、不断增加的政府债务、日益糟糕的经常项目收支余额及其他内部的经济疲软使得美国在当今这个知识和技术迅速传播的世界当中付出了实力的代价。

美国历史学家保罗·肯尼迪表示:

随着全世界从的确非常可怕的2008年跌跌撞撞走入令人恐慌的2009年,美国的对手似乎有很多理由认为,全球第一大经济体将比大多数其他国家遭受的打击更为严重。

尽管现在俄罗斯、中国、拉美、日本和中东可能都遭受了挫折,但据信,最大的输家是山姆大叔。除了"爬得越高,摔得越狠"这一含糊的论点外,按照什么逻辑会得出今后几年美国将会比其他国家损失更大这一结论呢?

首要原因肯定是美国巨额的预算和财政赤字。单从数字本身来看,全世界没有哪个国家的预算和财政赤字能像美国这么高,即便是按照它们在国民收入中所占的比例来算,其百分比看上去更像是冰岛或一些治理不善的第三世界国家的。在我看来,2009年以及以后美国预计中的财政赤字将会非常吓人。

二战后美苏占主导的两极世界，冷战的结束，苏联解体，东欧社会主义阵营瓦解并且成为西方的一部分，社会主义事业也陷入低潮。美国学者福山“历史的终结”论，反映了西方在冷战结束后踌躇满志的心态，20 世纪的最后 10 年，美国成为唯一超级大国，历史似乎将终结于美国式的政治、经济与文化体系，全世界都要接受美国模式。

诺贝尔经济学奖得主保罗·克鲁格曼在接受日本一家主流媒体采访时说道：

世界经济中已经不存在霸权国家了。虽然以美国为主导的时代并未彻底终结，但美国的信誉和权威已经大不如前。一直以来美国总是对别国的经济政策指手画脚，但现在再想这么干怕是不行了。

未来不再需要美国告诫他国应当怎么做，美国、欧盟、中国和印度四大势力将围绕世界经济展开博弈。而日本只能是第二集团中的排头兵。

如今，随着中国的崛起，欧盟实力的增强，形成了世界的三极。至于国际大三角战略格局，美国历史学家保罗·肯尼迪在接受《环球时报》采访时说道：

现在是多极化的世界。二战后我们进入过美苏占主导的两极世界，后来基辛格提出“大三角”概念。苏联解体后，中国决定其政策优先是不与美国发生争论，同时设法保持经济增长。美国被认为是唯一军事大国，中国则集中于经济建设。由于中国、印度都在建立新的军事力量与武器系统，现在亚洲军事上无疑在崛起。由于普京推行的政策，俄罗斯在恢复军力。在这样的情况下，人们会对美国说，你们不再是单极世界了。

要看到，至少有三个国家，美国拿他们是没有什么办法的。美国不能阻止俄罗斯按照自己的意志行事，也不能阻止中国按照自己的意志行事，同样也难以阻止印度。所以，至少有这三个国家可以不听美国支配，可以独立行事，在这种情况下就不再是单极世界了，而是在转向多极化世界。这是为什么美国人喜欢基辛格而不喜欢布什，因为基辛格在其大外交思想里提出，美国应该妥善处理与中国、俄罗斯、印度、北约等各方面的关系，他已经提出了多极化的概念。现在美国不知道如何应对穆斯林世界，结果导致一系列问题的产生。我认为，1990 年单极世界只是一个很短暂的历史瞬间，未来将转向更加复杂的多极世界,如何寻找大国平衡将重新受到重视。我对中国崛起持积极观点,由于有许多经济利益,中美应该避免争论。从历史上看,崛起中的大国,既有成功的战略也有失败的战略。中国领导人很聪明,不愿意与美国争论,乐与邻国结盟,不树敌,这点很高明。只要你聪明,没有敌人,中国经济的崛起进程就会继续下去。

伊拉克战争已经过去6年:在外,美国身陷伊拉克;在内,次级房贷危机预示着美国经济可能走低,美元的"跌跌不休"更是令人们产生了"美国会随着美元一起贬值"的担忧。

本章参考文献

[1]蒋义文. 伊拉克战争6周年祭——美伊战争经济再评估. 科技日报, 2009-3.

[2]美元霸权制度才是全球金融危机的根源[N]. 南方都市报,2009-1.

[3]彼得·D. 希夫. 美元大崩溃[M]. 北京:中信出版社,2008-05.

[4]胡日东,赵林海. 外汇投资一点通[M]. 北京:清华大学出版社,2008.

[5]冉生欣. 布雷顿森林体系的不对称性及其启示[J]. 新金融,2006-2.

[6]美元霸权制度才是全球金融危机的根源[N]. 南方都市报,2009-1.

[7]布雷顿森林体系的崩溃[N]. 广州日报,2008-10.

[8]张文木. 失去中东 美国就失去了世界霸权[N]. 环球时报,2008-12.

[9]王冲. 谁来改变美国的能源霸权政策[N]. 中国青年报,2006-5.

[10]李涛. 全面窥视全球反美图景:美国的敌人[M]. 北京:新华出版社,2008-6.

[11]美国在伊拉克的下一个目标:牢牢控制石油[OL]. 新华网,2007-1.

[12]大国石油战略[J]. 全球财经观察, 2004-10.

[13]李国旺. 石油控制与武器出口:美元战争的内在动力[OL]. 中新网,2008- 9.

[14]联合国呼吁停止使用生物能源 四招迎战粮食危机[OL]. 中国食品商务网,2008-5.

[15]美《新能源法案》加剧全球粮荒[N]. 香港经济导报,2008-4.

[16]王晓洁. 美国"粮食武器"逼近中国 两大法宝操纵粮价[N]. 国际先驱导报,2008-6.

[17]袁原. 控制粮价各国面临挑战[N]. 农民日报,2008-9.

[18]联合国粮食峰会结束 与会各国同意控制粮价飙升[OL]. 中新网,2008-6.

[19]谢黎. 扭曲:粮价非同寻常暴涨[N]. 环球时报,2008-7.

[20]纽约时报:全世界现粮食骚乱 粮食危机席卷全球[OL]. 中国经济网,2008-4.

[21]胡明远. 美国生物能源战略与粮食危机,2009-2.

[22]马丁·沃尔夫. 我们如何应对全球粮食危机[N]. 金融时报,2008-5.

[23]对世界粮价上涨的思考[N]. 光明日报,2008-4.

[24]张春嘉. 浅谈美国金融危机之二,2008-12.

[25]全球通胀的拐点将始于美元升值周期[N]. 21世纪经济报道,2008-6.

[26]管清友. 货币的惩罚:全球通胀的发生、传导和治理[OL]. 价值中国网,2008-6.

[27]金石. 纸变钱的游戏:美国债务真相[N]. 华夏时报,2009-2.

[28]刘军洛. 美国赤字催增亚洲美元储蓄 中国房价将继续上涨[N]. 21世纪经济报道,2007-6.

[29]刘军洛. 中国遭美掣肘 住房等商品下半年要做好暴涨准备[N]. 第一财经日报,2005-4.

[30]张东臣. 石油和美元与全球通胀[N]. 中国经济时报,2008-6.

[31]陈晋. 曼昆:破解美国"双赤字"[J]. 财经,2008-5.

[32]周凯. 美国赤字飙升创新高 滥发纸币影响中国[N]. 新闻晨报,2008-10.

[33]朱周良. 缺口1.75万亿美元 美国面临战后最大预算赤字[N]. 上海证券报,2009-3.

[34]谢国忠. 仅仅降息还不够[N]. 市场报,2008-11.

[35]美元霸权地位将加速美元贬值[N]. 中国证券报,2008-10.

[36]辛一山. 百年一遇危机对美元地位的影响[OL]. 光明网,2008-9.

[37]欧元之父蒙代尔:美元走势失控 欧元或成“第一货币”. 中央电视台经济半小时,2008 -9.

[38]井天增. 欧元之父蒙代尔:美元走势失控 欧元或成“第一货币”. 中央电视台经济半小时,2008 -9.

[39]井天增. 蒙代尔:美元走势失控 欧元或成第一货币. 中央电视台经济半小时,2008 -9.

[40]洪准浩. 警惕“华尔街模式”的终结[N]. 朝鲜日报,2008 -9.

[41]熊焱. 蒙代尔:“美元独霸”地位难撼动[N]. 市场报,2008 -11.

[42]旷野.“欧元之父”蒙代尔新命题:五币种加黄金取代美元[N]. 21世纪经济报道,2008 -11.

[43]王光平,卢铮. 次贷风暴或将导致美元贬值 强势地位短期难撼[N]. 中国证券报,2008 -10.

[44]王东. 国际金融危机下的美元地位[N]. 中国社会科学院报,2008 -11.

[45]潘慧峰. 美元霸权地位将加速美元贬值[N]. 中国证券报,2008 -10.

[46]美元的地位削弱将不可逆转[N]. 经济参考报,2004 -11.

[47]蒋舒. 美元国际中心货币地位并未改变[N]. 中国证券报,2008 -12.

[48]杨炳恺. 夏季达沃斯论坛代表激辩美元全球地位[OL]. 新华网,2008 -9.

[49]车勇. 商品价格如何左右世界:强势美元地位确立[N]. 华夏时报,2008 -9.

[50]张曙东. 美元霸权地位短期难撼[N]. 中国证券报,2008 -11.

[51]王欢. 罗奇:布雷顿森林体系Ⅱ早熟[J]. 财经,2008 -11.

[52]李明波. 美国衰落未必是件好事[N]. 广州日报,2008 -5.

[53]保罗·肯尼迪. 动荡中总有赢家和输家[N]. 广州日报,2009 -1.

[54]宋国友. 美国衰落的幻象[N]. 东方早报,2008 -1.

[55]保罗·肯尼迪:世界强国需要“三条腿走路”[OL]. 新华网,2008 -4.

[56]诺奖得主:自由放任与美国霸权时代走向终结[OL]. 新华网,2009 -1.

[57]美刊:美国帝国衰落 单极世界走向消亡[OL]. 新华网,2009 -2.

[58]何亮亮．美国霸权急剧衰落,世界格局大改组．凤凰卫视,2009－2.

[59]英国利用国际金本位制维系其在世界资本主义的统治地位[N].中国证券报,2008－5.

第8章

全球金融危机:中国怎么办

狄更斯在《双城记》开篇处的一段话这样写道:

这是最好的时期,也是最坏的时期;这是智慧的时代,也是愚蠢的时代;这是信任的年代,也是怀疑的年代;这是光明的季节,也是黑暗的季节;这是希望的春天,也是希望的冬天;我们的前途无量,同时又感到希望渺茫;我们一齐奔向天堂,我们全又走向另一个方向……

超出想象:4 万亿经济刺激方案

伴随愈演愈烈的国际金融危机对世界经济的严重冲击,中国经济开始陷入一种四面楚歌的困境。面对危机四伏的现状,2008 年 11 月 9 日,国务院常务会议决定,到 2010 年底投入 4 万亿元资金,力图加强基础设施建设在内的十项措施。其中还包括在全国所有地区、所有行业全面实施增值税转型改革。这一切逐渐拉开了中国有史以来最大规模投资建设的序幕。

我国公布的 4 万亿元人民币经济刺激计划,对世界的意外影响大大超出中国人的想象。2008 年 11 月 10 日,亚太股市全面飘红,欧洲股市大幅拉升。《华尔街日报》说,中国公布的这个计划可能会使其他国家提出来的经济刺激方案“相形见绌”。

在我国保增长的“一揽子计划”中,两年总额 4 万亿元投资的资金从哪里来,用到哪里去,如何用好,从一开始就受到社会各界的广泛关注。

资金从哪里来

4 万亿元的投资来源,除新增中央政府投资 1.18 万亿元(包括中央预算内投资、中央政府性基金投资、中央政府其他公共投资和灾后重建基金等)外,其余部分将通过地方政府投资、企业投资、银行贷款及其他社会投资(包括民间投资)等方式筹集。

对于 1.18 万亿元的政府直接投资,十一届全国人大二次会议闭幕后,国务院总理温家宝在回答记者提问时说道:

> 大规模的政府投入是最直接、最有力、最见效的措施。它包含着政府直接投资 1.18 万亿,这是指中央政府……我可以明确地告诉大家,这 1.18 万亿完全是新增的。今年(2008 年),在我们的预算中已经落实 5950 亿。

为了帮助地方政府和企业筹措配套资金和项目资本金,中央政府有关部门还采取以下三项措施:(1)中央财政代地方财政增发2000亿元国债;(2)银行发放部分期限较长、利率较低的特种贷款用于特定项目建设;(3)利用地方投融资平台发行部分企业债券。

由于我国预算法尚未修订,不允许地方政府举债。1998年实施积极财政政策时,我国采取了中央代地方发债的方式为地方发展筹资。在新一轮积极财政政策下,这一模式再度启用。

2009年3月,国务院总理温家宝在政府工作报告中指出:

为弥补财政减收增支形成的缺口,拟安排中央财政赤字7500亿元,比上年增加5700亿元,同时国务院同意地方发行2000亿元债券,由财政部代理发行,列入省级预算管理。全国财政赤字合计9500亿元,占国内生产总值比重在3%以内,虽然当年赤字增加较多,但由于前几年连续减少赤字,发债空间较大,累计国债余额占国内生产总值比重20%左右,这是我国综合国力可以承受的,总体上也是安全的。

社科院财贸所副所长高培勇在接受新华社记者采访时说:

4万亿元的投资包含多种投资渠道,首先是中央政府出一部分钱,依照"投资带动投资"的加速原理,政府投资的示范和带动效应会引出一连串的投资,其中有地方配套投资以及各种社会投资。

从政府投资方面看,一方面是政府拿出一部分钱进行投资,另一方面是通过发行国债增加基础设施建设投资。1998年启动的积极财政政策中,我国就是通过发行长期建设国债实施了大规模的技术设施建设,5年发行国债超过6000亿元。

另外,有人担心,如此巨大的国家投资会不会造成对民间资金的挤出效应?对此,国家发改委宏观经济研究院投资研究所所长罗云毅指出:

在经济社会投资都运行正常情况下,如果国家大规模增加投入就可能从资金来源角度对民间投资产生负面影响。不过,由于我国当前经济处于下行通道中,企业投资意愿是在下降的。在这种情况下,国家加大投入就是为了弥补企业投资的不足,自然不会有什么挤出的问题。

国家加大投资反而将会对民间投资产生拉动作用。首先,国家加大投资必然需要水泥、钢材等相关产业的支持,也必然带动这些行业企业的发展;其次,十项措施中提到的增值税改革,就是给民间投资的主体——企业减负,从而鼓励、刺激企业投资意愿。

在财政部财政科学研究所所长贾康看来,这4万亿元投资是中央和地方政府以及金融系统贷款和其他来源资金(包括可用的国外资金)的总和。贾康说道:

从过去的经验看,充其量1/3的资金由财政投入就可以了,因为财政资金要努力起到四两拨千斤的作用,其放大效应至少有2至3倍,能带动其他配套资金,比如商业银行贷款配套、地方配套、国际金融资金等多种资金进入。

贾康进一步表示,从短期来看需要中央财政投资先期导入,从长期来看必将带动广泛的民间投资。而中央财政投资主要通过发行长期国债、动用预算调节稳定基金和可用的增收财力等渠道来筹措。

中国社科院数量经济研究所汪同三认为:

仅靠政府4万亿扩大内需的投资来拉动总体投资增长,难度是很大的。在当前形势下,必须进一步努力增加投资,特别是鼓励和引导民间增加投资。

“中国风险投资之父”成思危认为,用好这4万亿有四个问题需要注意。成思危说道:

这4万亿不是国家全拿,而是国家只拿1.18万亿,剩下的将近3万亿是要靠拉动民间投资。但在目前大家惜投的情况下,怎么拉动民间的投资?这是主要问题。根据过去的经验,在经济好的时候政府投资1元钱,可以拉动5元到8元钱,现在1元钱能不能拉动3元钱,这个是需要研究的。因为民间投资必须要看看前景和效益,要有信心。所以,我们要注意舆论的引导,要真正能够把民间的力量发挥起来,这光靠政府肯定是不够的。

资金到哪里去

2007年第四季度,为了有效应对国际金融危机的冲击,保持经济平稳较快发展,中央出台了进一步扩大内需促进经济增长的十项措施,提出了扩大投资的重点领域和方向,主要有:加快建设保障性安居工程、农村民生工程、基础设施、社会事业、环境保护、自主创新和结构调整以及灾后恢复重建等方面。

十一届全国人大二次会议闭幕后，国务院总理温家宝在回答记者提问时说道：

经过半年的努力，我们形成的“一揽子计划”包括四项内容，就是大规模的政府投入、大范围的产业调整和振兴、大力度的科技支撑和大幅度地提高社会保障水平。这四项是互相联系、不可分割的整体，它体现了我们计划的远近结合和标本兼治。

我们政府投入的1.18万亿主要用于民生工程、技术改造、生态环境保护和重大基础设施建设。其他若干方面都不在这两年4万亿的计划当中，比如我们减免税费实际将超过5000亿，达到6000亿；我们提高企业退休工人养老金的标准；对1200万教师实行绩效工资，提高他们的工资水平；增加农民的收入，扩大补贴范围，提高补贴标准；我们将在三年内使用8500亿实行医药卫生体制改革。所有这些资金都不在4万亿当中。

我们新增的两年4万亿投资，有些项目确实是原来“十一五”规划当中的项目，比如公路和铁路等基础设施建设。这些项目是经过充分论证的，是有准备的，我们要加快速度推进。不然的话，我们怎么能在这么短的时间内，确定这么多的基础设施建设呢？有些项目是新安排的，比如保障性安居工程建设，我们计划三年要解决750万户困难群众的住房问题、240万户的棚户区改造问题，这是新安排的。所有这些项目都是经过论证的，而且将会全部公开，全过程接受监管。

应对这场金融危机，我们做了长期的、困难的准备，我们预留了政策空间。也就是说，我们已经准备了应对更大困难的方案，并且储备了充足的“弹药”，随时都可以提出新的刺激经济的政策。

国民经济和社会发展计划草案报告文末专门有一节《关于对4万亿元投资的说明》。开篇提出了4万亿元投资的内涵，即从2008年第四季度到2010年底，中央政府拟通过增加中央基建投资、中央政府性基金投资、中央政府其他公共投资和灾后重建投资等，安排1.18万亿元投资，加上地方配套和社会投资，形成4万亿元的投资规模。

国家发改委主任张平详细解释说：

这4万亿中，保障性安居工程的投资是2800亿元；农村民生工程和农村基础设施的投资大体是3700亿元;铁路、公路、机场、城乡电网的投资是18000亿元;医疗卫生、文化教育事业投资是400亿元;生态环境方面的投资是3500亿元;自主创新结构调整投资是1600亿元;灾后恢复重建,重灾区的投资是1万亿元。

从刚才几组数字可以看出,4万亿元的投资方向,第一是民生工程;第二是农村农业农民的需要;第三是基础设施的建设;第四是医疗卫生、文化教育的投资;第五是生态保护、保护环境的建设;第六是自主创新和结构调整的投资。4万亿元中没有形成大规模生产能力的投资,更没有"两高一资"的投资。因此请大家放心,这些投资不会形成重复建设,更不会形成低水平的重复建设。

在严峻的国内外形势下,宏观调控政策迅速出手,大力度地"保增长",显示了充分的灵活性,同时也发出强烈的信号。此时政府出台的4万亿元经济刺激计划,直接提到了基建、民生、环保等诸多领域。

2008年12月,银河证券首席经济学家左小蕾认为:

与10年前的扩大内需政策不同的是,此次政府的投资兼顾了近期增长和长期发展。从亚洲金融危机后的1998年到2002年间,政府也采用了扩张性的财政政策削弱经济下行周期的影响。由于其间国内的基础设施建设相对不完善,当时的政府投资主要集中在基础设施建设上。但根据个人分析,此次扩大内需政策将有所改变,一方面政府在铁路、机场、电站等基础设施上有投入,另一部分资金则投入到节能环保等民生领域,同时扶持中小企业。这对调动民间资本的热情也有很大作用。

2009年3月,根据国务院批准的十大产业调整和振兴规划的要求,4万亿元投资项目的安排,在2008年第四季度初步考虑的基础上,已做了必要的调整。4万亿元投资用于各重点领域的情况是:(1)廉租住房、棚户区改造等保障性住房建设,投资约4000亿元;(2)农村水电路气房等民生工程和基础设施建设,投资约3700亿元;(3)铁路、机场、水利等重大基础设施建设和城市电网改造,投资约15000亿元;(4)医疗卫生、教育、文化等社会事业发展,投资约1500亿元;(5)节能减排和生态工程建设,投资约2100亿元;(6)自主创新、结构调整和技术改造,投资约3700亿元;(7)灾后恢复重建,投资约10000亿元。

国务院总理温家宝称，实施这些措施，总的要求是，出手要快，出拳要重，措施要准，工作要实。“快”就是要迅速出手，争分夺秒，不可贻误时机；“重”就是要实施坚决有力的措施，从根本上扭转经济增速过快下滑趋势；“准”就是要抓住关键，突出重点，能起到立竿见影的效果；“实”就是要抓好落实。

如何管好用好4万亿投资

1998年应对亚洲金融危机启动内需的时候，一些公路交通投资项目使10多个省份的交通厅长锒铛入狱。这次如此大规模的投资，是否会重蹈覆辙？舆论广泛关注4万亿元投资会不会形成新的重复建设，出现截留挪用？政府工作报告对此再次进行了强调和部署。

在加快建设进度、尽快形成实物工作量的情况下，国家已明确要求，要按照国家规定履行建设程序，任何单位和个人都不得越权审批项目，也不得降低标准批准建设项目。

对在新增中央投资项目的安排和实施中出现的违法违纪问题，将及时移交纪检监察部门严肃处理，构成犯罪的，将移交司法机关追究刑事责任。

全国人大常委、原香港立法会主席范徐丽泰建议，对“4万亿”投资的监督重点应该放在贪污腐败、重复投资和政绩工程三个方面，监督方式则需要全国人大、地方人大、监察部门和全体民众的共同支持。

国家发改委表示：

为了管好用好4万亿投资，防止形成新一轮盲目投资和低水平重复建设，提高投资的质量和效益，从中央到地方已采取了一系列的监管措施：突出的是做到“两个明确、两个严格”。

“两个明确”是，第一，明确投资方向，不搞一般性加工工业，不搞重复建设，重点投向民生工程、农业、基础设施、社会事业、节能环保、技术进步等。第二，明确项目的责任主体，地方项目的责任主体是省级人民政府；中央项目的责任主体是有关行业主管部门和中央管理企业。各责任主体要对所属项目的投资安排、项目管理、资金使用、实施效果负总责，并细化落实各实施环节的责任制，实行责任追究。

“两个严格”是，第一，严格遵循建设程序，严格执行规划、产业政策和市场准入标准，落实项目审核、土地、环评、节能等管理要求。第二，严格项目建设和资金使用监管。去年(2008年)第四季度,由中央纪委、监察部牵头,审计、发展改革、财政等部门组成24个中央检查组,派驻各地对新增中央投资项目进行了监督检查。从目前的检查情况看,新增投资项目的总体情况是好的,选择的项目是符合中央规定投向和有关规划、产业政策要求的,项目建设过程中未发现重大违法违规问题。今年(2009年),还将继续开展针对新增中央投资项目的专项检查和审计工作。

清华大学经济外交研究中心主任何茂春认为:

国务院为管好用好中央投资,要求强化监督审计,纪检、监察、审计等部门联合进行全程监督检查。但过去的用款,哪次不是这样"全程监督检查"?我国的财政机关和审计机关在监督对象、范围和时间上多有交叉,缺乏明确分工,极大地影响了财政监督的效果。

……

法治社会应有无处不在的相互制衡机制确保监督的有效性,政府各种决策须有广泛的参与。国外另一个经验是扩大政府采购。所有重大投资支出由政府统一实施招标采购,可以有效地减少或避免不同渠道的政府投资在使用方向、项目布局、建设内容等方面存在的交叉和重复,使有限的资金发挥应有的效益,集中财力办大事,也有利于从源头上、机制上预防和治理腐败现象的发生。实行政府采购制度,财政资金的使用必须按照法定的方式和程序进行,使购买活动在透明的环境中进行,防止"暗箱操作"和"权力寻租",同时接受财政、监察、审计、供应商、新闻媒体以及其他社会各方面的监督。如果按照国际公认的10%的政府采购平均节约率计算,实行政府采购,4万亿投资还可大大提高投资效益。

2009年4月,温家宝总理在博鳌亚洲论坛2009年年会上作主旨演讲时表示,中国实施的"一揽子计划"已初见成效,经济运行出现积极变化,形势比预料的好。温家宝总理说道:

一是,投资增速加快,消费较快增长,国内需求持续提高。(2009年)一季度,国内生产总值增长6.1%,全社会固定资产投资增长28.8%,比去年(2008年)同期和(2008年)四季度分别提高4.2和6.4个百分点。城镇新开工项目计划总投资增长87.7%,社会消费品零售总额实际增长15.9%,增幅同比提高3.6个百分点。在家电下乡和小排量汽车减税等政策的带动下,家电、农机等行业产销大幅增长，汽车销售创历史新高。商品房的销售面积增长8.2%，初步扭转一年多来的下降局面。

二是，工业生产逐步企稳，农业形势总体稳定。(2009年)三月份，规模以上工业增加值同比增长8.3%，增幅比前两个月提高4.5个百分点。消费品工业呈现回升态势，装备制造业和部分原材料工业出现转机。强农、惠农政策加快落实，产生积极效果，粮食播种面积增加，夏粮长势较好，农资供应充足，春耕备耕进展顺利。

三是，结构调整积极推进，区域发展协调性增强，产业升级加快。中西部地区，固定资产投资、工业增加值、社会消费品零售总额增长都明显高于全国平均水平，沿海地区工业总体增速虽然较低，但恢复加快。高新技术产业增势较强，生物生化制品、通信交换设备、医疗设备及机械制造业增速明显超过工业平均的增速。

四是，城镇就业增加，居民收入提高。(2009年)一季度，城镇新增就业268万人，城镇居民人均可支配收入和农民人均现金收入同比实际分别增长11.2%和8.6%。

五是，银行体系流动性充裕，金融市场平稳运行，社会信心提振，市场预期改善。

振兴十大产业，拉动中国经济

在短短一年的时间内，我国经济政策从“两防一控”到“一保一控”，再到全力保增长，这一变化足以显示出国际金融危机给我国带来的巨大冲击：出口下滑、工业减速，企业经营困难，国家财政收入也出现了下降的趋势。

为防止中国经济加速下滑，实现2009年“保八”目标，国务院陆续出台重要产业调整振兴规划。十大产业振兴规划的出台，既是在中国经济面临改革开放30年以来前所未有的外部恶劣经济环境的大背景之下的自救之举，也是中国经济在新时代环境下寻求发展空间的转变之举。

2009年3月5日，国务院总理温家宝在十一届全国人大二次会议上作政府工作报告时，对不久前出台的十大重点产业调整振兴规划作出的部署。温家宝说道：

认真实施汽车、钢铁、造船、石化、轻工、纺织、有色金属、装备制造、电子信息、现代物流等重点产业调整和振兴规划。着力解决这些行业发展中存在的突出矛盾和问题,推进结构调整和优化升级。

在应对国际金融危机冲击,着力解决当前存在突出矛盾的同时,加快结构调整、增强发展后劲、实现产业升级,是制订和实施十个重点产业振兴规划的主线。因此,振兴规划在形式和具体内容上,都与以往的专项规划、中长期规划有所不同。在实施时间上按三年考虑(2009—2011 年)。

为什么要选这十大产业

为何会选择振兴这十大产业来拉动中国经济?

清华大学中国与世界经济研究中心主任李稻葵在接受《人民日报》记者采访时说:

选择这十大产业主要着眼于两点:第一是重要性。这些行业都属于中国国民经济的重要支柱,是工业产值和国家税收的主要贡献力量,吸纳就业人群的主要渠道,是拉动 GDP 增长的主要行业,对经济发展影响巨大。第二是问题突出。这些行业都在近些年开始出现产能扩张过快、供给过剩,低水平重复建设、产品结构不合理,低端耗能和污染严重等问题。由于依赖出口程度较高,它们都在此次金融危机中受到较大冲击。

针对这些行业存在的问题,已出台的振兴规划都制定了相应的政策,比如钢铁行业规划中提出淘汰高耗能、高污染的落后产能,不得再上单纯扩大产能的项目。电子信息行业振兴规划通过 6 个工程,鼓励民间资本进入,实现重大科技项目的突破。鼓励纺织业、钢铁业、装备制造业、汽车业企业联合重组等等。

分析振兴规划涉及的"十大产业",总体格局呈现以钢铁、汽车、船舶、装备制造等九大制造业加现代物流业的"9 + 1"的模式,这是一个再造"中国制造"的技术内核和基因组成,使"中国制造"突破自身的技术瓶颈而跃升为"中国制造 2.0"的制造业振兴规划。马光远在其文章中分析道:

国务院之所以选择制造业作为中国模式转型和反危机的突破口,看看这十大产业在 GDP 增长、税收和就业等方面的贡献就可以完全理解:十大产业的产值不仅占 GDP 的三分之一以上,工业增加值更是占全部工业增加值的近80%，每年向国家缴纳的税收占整个财政收入的近40%，吸纳的劳动力占整个就业人数的近30%，可以说，改革开放30年，中国经济增长的50%以上都是他们创造的。因此，这些产业是否振兴，通过政策的扶持渡过目前的难关，就成了中国经济能否复苏的关键所在。

十大产业解决就业超1亿人，涉及3亿农民生计。2009年2月27日，国务院新闻办公室举行新闻发布会，发展改革委副主任刘铁男在接受记者采访时说道：

关于为什么选这几个产业？这次金融危机大家也看到，我们跟西方国家不一样，它们是因为金融系统出现问题，进而影响市场的信用、信心导致市场萎缩、购买力萎缩。我们国家这次是因为国际金融危机造成市场萎缩，十大产业相当一部分是靠外需拉动，外需下降又传导到国内市场，对产业造成了很大的压力。

比较一下，国外的二产比重比较小，主要是三产，有的占70%，有的占60%多，我们二产达到40%以上。有的国家金融业在GPD的比重有超过20%。我们国家跟西方工业化国家发展阶段不一样，产业结构不一样，所以这次国际金融危机所面对的矛盾和暴露出矛盾的顺序也不一样。十大产业就业超过了1亿多人，涉及3亿农民生计，我们的GDP，整个金融领域，深沪两市的上市公司接近六成在这十大产业中。所以这十大产业能够稳定下来，财政、税收、就业、“三农”问题就基本能够稳定。

振兴规划所要解决的问题

在应对国际金融危机冲击，着力解决当前存在的突出矛盾的同时，加快结构调整、增强发展后劲、实现产业升级，这是制订和实施重点产业规划的一条主线。

在国际金融危机对中国实体经济影响日益加深的背景下，十大产业调整和振兴规划的出台旨在破解哪些难题？国家发改委宏观经济研究院副院长、研究员马晓河在接受人民论坛记者采访时回答道：

从国务院出台的十大产业调整振兴规划中，可以看出，中国政府实际就是要从供给角度来培育新的经济增长点，从消费角度拉动国内重要产业的发展。

第一,十大产业振兴规划主要是以供给为主,兼顾消费,来培育经济增长点。

第二,既考虑了当前,也着眼于长远。短期来看,这些振兴规划将有利于解决这些产业目前遇到的实际问题,缓冲世界金融危机对中国的影响;长远来看,又将对中国产业技术升级改造、结构调整等产生深远的影响。特别是注重于从长远角度来培育市场竞争能力和国际竞争力。此时中国政府出台的这一系列振兴规划,正在成为拉动我国经济走出低谷的巨大引擎。采取措施,振兴支撑中国经济增长的十大产业,将为这些产业注入新的动力。

第三,对十大产业的振兴举措主要集中在四个方面:一是财政税收。通过财政政策降低产业发展成本,通过调整税费政策为产业发展"减压"。二是金融。通过扩大融资渠道和信贷规模来缓解产业发展贷款难的矛盾。三是鼓励自主创新,加强技术改造,加强品牌建设。四是进行产业结构调整和升级,鼓励兼并重组。比如说,从鼓励重组,鼓励结构调整,加强节能减排,走新型工业化道路等方面,来振兴或支持十大产业的发展。

第四,通过财税、信贷、产业等政策,统筹两个市场。十大产业振兴规划,强调在扩大内需的同时,还要保持这些产业在国际市场份额的稳定。从此次出台的产业振兴规划可以看出,政府的长远目标还是希望通过淘汰落后产能,鼓励科技进步、兼并重组来最终实现多年来一直倡导的产业升级和结构调整,最终使十大产业成为支撑中国经济发展的支柱型产业,从而使十大产业真正做大做强。可以说,短期内出炉十大产业规划,以及推出的细则方案,凸显了政府拉动内需、推动经济增长的决心和能力。

总之,无论是从当前还是从长远来看,十大振兴产业对国民经济的影响都是深远重大的,也是举足轻重的。

这十大行业多为我国制造业中的支柱产业,其产值不仅占我国工业增加值中的绝大多数比例,在确保国家经济安全、金融安全、社会就业和保障民生等方面也发挥着不可替代的作用。国家发改委宏观经济研究院副院长、研究员马晓河认为:

纵观已出台的十大产业振兴规划,其首要着眼点还是要解决当前的难题。每次经济危机都是有机遇的,都会带来产业格局的变化,这次也不例外。应对当前金融危机,不仅要解决当前问题,对中国来说,经过近30年的高速发展,中国经济目前正进入路径选择的新十字路口,选择什么样的发展模式,构造什么样的经济结构,都需要在一系列政策措施上进行科学规划和部署。综合这些因素,要推出既解决当前问题,又兼顾中长期发展的措施,对于中国政府来说是一大机遇和挑战。

在这次世界金融危机中,中国产业格局肯定会发生新的变化。要在应对危机、转变发展方式中创造新的需求,形成新的增长点。只有遵循产业演变规律,顺应世界科技发展潮流,把十大产业做大做强,促进产业升级,中国才能在国际市场上占有一席之地。中国政府推出十大产业振兴规划,我认为,实际就是适应了未来发展变化的趋势,同时抓住当前有利的时机,加快体制创新,促进科技进步,推进结构调整,使产业和企业竞争力有一个大提高,产业发展水平有一个大的提升,保持经济持续稳定增长,为国民经济再上新台阶夯实基础,这些都将成为未来经济发展的重要取向。

中共中央政策研究室副秘书长赵涛认为:

列入十大产业振兴规划的这些产业在中国国民经济中占有举足轻重的地位,其中部分产业属于战略产业,这些产业关系到国家安全和国民经济命脉,具有产业链条长、上下游关联度高、辐射带动作用大等特点,保增长,首先要促进这些产业的增长。但是,中国重点产业面临的主要问题是产能过剩。这些产业的振兴规划重在标本兼治,首先是突出“调整”,严格控制产能总量,特别是对于产能过剩的行业。

保就业还是保 GDP

关于经济增长与就业或失业的关系,在经济学界和政策制定者中有着不同的看法。美国著名经济学家阿瑟·奥肯于 1962 年提出了著名的“奥肯定律”。该定律论证了失业率与国民生产总值增长率二者呈反方向变化的关系:经济增长速度快,对劳动力的需求量相对较大,就业水平高,失业率低;经济增长速度慢,对劳动力的需求量相对较少,就业水平低,失业率高。

这个定律被许多经验研究所证实在美国曾经长期存在。这种经验关系经常在中国经济学文献中被涉及或引用,一方面,人们经常会运用该结论来论证经济增长与就业之间的相互促进关系,另一方面,当使用中国的数据进行检验时,却得出该定律在中国不适用的结论。即经济增长与就业增长不平衡,增长模式出现了“就业排斥”。据统计显示,1985 年,GDP 增长一个百分点可以多提供240 万个工作岗位;而2005 年,GDP 增长一个百分点仅仅能多提供90 万个工作岗位。

在面对金融危机时,中国的政策应该是保就业,还是保 GDP 又引起了人们的热议。

保 GDP

五年来中国经济历经寒暑,唯有 8% 增长目标“雷打不动”。在全球衰退、各国经济一片“凄风苦雨”的背景下,这种“矢志不移”更令人瞩目。保增长的任务在 2009 年经济工作中居于首要地位。

国务院总理温家宝 2009 年 3 月 5 日向全国人大宣读《政府工作报告》时如此解释:

> 在我们这样一个 13 亿人口的发展中国家,要扩大城乡就业,增加居民收入,维护社会稳定,就必须保持一定的经济增长速度。

保持 8% 左右的速度是非常必要的。中国各种问题归根到底要靠发展来解决,保持 8% 左右的增速,有利于稳定社会预期、增强发展信心,有利于扩大城乡就业、增加居民收入、保持社会稳定。

中央出台的一揽子扩内需、保增长的政策措施已在一些地方和领域开始见到效果,一些企业产品销售开始回升,库存开始减少,用电量开始恢复,一些经济指标有好转迹象。

保就业

失业率为什么会成为西方国家最重要的经济指标?为何他们的政策总是围绕降低失业率这一目标展开?答案是,这些国家比我们更早地进入消费型社会,它们更明白其中的关键:要靠内部消费拉动经济,保证就业是最重要的手段。实际上,如果经济指标有虚实之分的话,那么 GDP 是虚的,就业率是实的。

全国工商联副主席、天津市人大常委会副主任张元龙在接受《21 世纪经济报道》采访时说道:

无论是政府决策层还是经济学家，大家都有一个共识：国内经济的下行周期至少到(2009年)年中还难以见底。至于什么时候开始触底反弹，有一个重要的指标可以衡量，就是就业。就业是一个非常重要的指标，没有就业哪有内需？就业是拉动内需的前提，是经济恢复的一个先兆。

“中国风险投资之父”成思危说道：

我国每年要解决1000多万人的就业问题，这不是一个小问题。根据国家公布的数字显示，我国登记失业率是4%，尽管实际失业率国家没有公布，但根据社科院公布的数据是9.4%。2007年我国的经济增长率是11.9%，就业人数是1200万人左右。试用线性的方法计算一下，GDP每掉1%，就可能要丧失100万个工作岗位。如果2009年是8%的增长速度，那么和2007年相比掉了3.9%，也就是说，将近丧失390万个工作岗位。这是个很严重的问题，因为就业问题不仅是个经济问题，它还是个社会问题。

在金融危机之下，面对严峻的就业形势，很多人提出，要把促进就业作为一个比GDP更为重要的指标来考核各级官员的政绩。我国著名经济学家茅于轼在接受《中国经济周刊》采访时观点鲜明地说道：

我们政府应该把重点放在就业上面，而不是放在简单的经济增长率指标上。就业问题才是老百姓最为关心和切身的问题。即使经济增长率不高，但要求就业问题能够舒缓，这才是老百姓所关心的问题，而这也是启动扩内需政策的前提。

至于如何保就业呢，茅于轼说道：

2009年就业状况与政府的投向有关，现在看并不太乐观。是因为现在如果我们的政策措施仅仅是通过搞投资拉GDP，而不是直接有效拉动就业，这个政策方向就值得研究和进一步商榷。美国当选总统奥巴马在未上台之前就已经提出要创造350万个就业岗位，并没有把GDP增长作为许诺指标，这也是值得我们研究和借鉴的。

目前，沿海地区，加工业已经受到打击了，已经有数百万民工返乡了，失业问题已经较为显著，因而这一问题应该及时尽快解决。此外，随着房地产新开工数的减少，也会加剧失业问题。

虽然搞项目、修铁路，都会增加一些就业，但这种就业是临时性的，而不是长远性的。当然GDP拉动会对就业有所帮助,但是项目结束之后,还是会出现失业。一条数百亿的铁路建设,能够提供几万人的就业就已经不错了。一个就业岗位需要靠上百万元的成本来提供,效率太低。服务业才能解决就业。

关于保增长和保就业之间的争论已经持续很久了,但实际上,经济增长和就业之间没有非常强的正相关关系。亚洲开发银行高级经济学家庄健在接受《商务周刊》采访时说道:

因为在前些年经济增长很快时,对于就业的增长效用也没有想象中的那么大。这说明不同的经济结构和增长方式对就业的拉动效果是不一样的。这就是为什么中国政府更多地强调发展服务业,使得经济结构能够真正照顾到中国劳动密集型的特点,试图在增长和就业当中找到一种平衡。另外,现在在中央政府和地方政府之间,对保增长和保就业有不同的重点,中央政府把保就业看得更加重要。

房地产:救市之争

20世纪90年代末的中央政府在处理亚洲金融危机时发布的一项重要政策便是放开房地产市场,刺激内部需求,并通过房地产行业的发展带动相关产业的发展。然而,此次的危机不同于以前。央行前副行长、央行货币政策委员会委员吴晓灵认为:

此次美国金融危机恰恰是因为美国政府刺激房地产消费造成的,当前中央政府如果阻止房地产市场的调整,刺激房地产市场消费的话,有可能造成与美国次贷危机同样的问题。

如果政府人为阻止房地产价格的下跌,那么美国的今天就是中国的明天。

2009年2月,陆续出台的中国十大产业调整振兴规划。争议颇多的房地产业,最终未能跻身此列。对于沸沸扬扬的救市之争,王石说道:

不用救市(房地产市场),因为市场还在调整。一个是市场发生变化的时候,你发展是不是还是原来的思维,你如果思维还没调整,价格在升位,你谈政府救市没有任何意义,而且对市场健康发展没有好处。第二个含义来讲,如果真的像美国市场出了些问题,更多考虑的应该是消费者方面,怎么来采取一些措施,而不是说首先要救你发展商。因为牛市价格很明显是偏高的,如果这时候价格不肯调整,指望政府来救市,这个是非常非常不实际的,和市场的健康发展也是相违背的。

王石认为,现在的房地产市场还没有到很糟糕的程度,还远不像美国那样一降再降。

发展商价格还在那儿坚挺着,你说让政府去救市,这不是很滑稽吗?

清华大学长三角研究院、中国企业家思想研究中心主任王育琨认为开发商自救才是出路。王育琨说道:

目前房地产企业面临的困境是资产大、现金流紧张。这不是金融危机造成的,而是开发商战略失误造成的。

有资料显示,从2009年开始,中国房地产库存量至少要24个月才能消化,这些存量资金都和银行信贷捆绑在一起,一些地方政府相当一部分财税收入,是靠房地产业来维持的。虽然各地政府出台许多刺激政策,如果不从源头上遏制高土地成本、高税收和高利润,再多的激励措施也是没用的。

著名经济学家茅于轼对地方政府出手救楼市泡沫的效果并不看好。他在接受《中国经济周刊》采访时表示:

消除楼市泡沫是个长期痛苦的过程,哪个国家或地区都是一样的,日本和我国台湾、香港地区都经历过楼市泡沫刺破之后的房价大跌,这是个非常不好办的事情。1993至1994年,海南海口、三亚和广东惠州等地其实都曾发生过类似事情,曾出现过大量的烂尾楼,直到今天才得以消化。

楼市泡沫是无法拯救的,泡沫是需要消化的,我们对房地产是否存在泡沫的判断,不能以未售出的面积来衡量,而是要以空房率来判断,即以已经售出房屋未住人、未利用、未出租的空房加上开发商未售出的空房的综合来计算。这个比例要下降到10%才较为合理,而现在这个比例大大超过了。

茅于轼提出,为了挤掉泡沫,只能大幅度下调楼房的售价,而由于目前我们的金融机构的房贷政策较为健康,不太会出现连锁反应。

河南建业集团董事长兼总裁胡葆森在接受《21世纪经济报道》采访时明

确表示:

中央政府肯定不会救(房地产市场),救也是地方政府(救),不过,这也要根据房地产企业在地方经济发展中所处的地位而定,有些城市跟房地产有关的收入可能达到40% ~50%,地方政府可能会比较着急,但总的来说,地方政府现在救地产商的措施也很有限。

2008年10月,著名财经评论家时寒冰在其文章《地方政府救楼市是螳臂当车》中写道:

最近一段时间,地方政府救楼市之风愈演愈烈。从西部的重庆、西安开始,延伸到中部的长沙、武汉,再发展到东南沿海的福州、厦门,而今,又蔓延到了江浙一带。如果听任地方救楼市举措的规模进一步扩大,中央此前出台的多个房地产调控政策将被彻底架空。

纵观全球,无论是欧洲各国、美国、日本等发达国家,还是越南、泰国等发展中国家,房价都处在下跌轨道中,这是大趋势使然,不可抗拒。而根据有关部门的统计数据,截至目前,除了深圳、广州等为数不多的城市,中国大部分地方的房价同比仍在上涨,只是涨幅趋缓了一些、成交量下降了一些而已,在这种情况下,地方政府去救楼市,力阻房价的自然调整,多少有些逆经济规律行事。

2009年3月,摩根大通中国区董事总经理、摩根大通大中华区首席经济学家龚方雄在接受《新快报》采访时说道:

此前大家都觉得地产业今年(2009年)肯定不行,许多地产公司面临资金链断裂甚至破产的局面,但是目前来看,这样的情况并没有出现。之前深圳一个月成交量只有20万平方米,要消化掉500多万平方米存量需要两年时间,所以开发商都没有盖房子的打算。但是现在月成交量已经达到50万平方米,这样明年开发商就没房子卖了,于是他们就又要开工了。

龚方雄相信,房地产行业会得到政府关注,这也是刺激内需的题中之意;政府必须保持房地产市场稳定,以防下行风险。如果房地产行业出现价量齐跌的下行局面,政府要有预案。届时可以考虑的刺激措施包括房地产贷款利息部分抵消个人所得税,甚至地方政府考虑购房入籍等来消化库存总量。

可以借鉴一下俄罗斯政府的救市。2008 年 12 月 19 日在莫斯科和圣彼得堡举行的房屋拍卖会上，莫斯科市住宅政策和基金司以低于市场价 30% 的价格购买了 37.8 万平方米的住宅，用于社会福利项目。该司第一副司长费奥多谢耶夫称，政府此举“既支持了处于复杂经济形势中的房地产开发商，又履行了政府的社会责任”。

面对美元贬值，中国怎么办

中国仍是美国最大债权国。美国财政部公布的国际资本流动报告（TIC）显示，截至 2008 年 9 月末，中国持有的美国国债达到 5850 亿美元。中国取代日本成为美国国债最大持有国。

2009 年 1 月，中国又增持美国国债 122 亿美元。

瑞信一波亚太区首席经济学家陶冬指出：

美国国债已进入泡沫阶段，但美国是全球最大的贸易赤字国家，中国是全球最大的贸易顺差国家，对于中国来说，购买美国国债实属无奈之选。如果美元汇价大跌，对中国资产造成的伤害将很难避免，解决办法之一是中国人多消费，但是这需要经历较长时间的经济转型。

至 2009 年 3 月，美国财政部已发行了创纪录的 10.9 万亿美元国债，以资助其昂贵的经济救援计划。庞大的政府开支增长将拉高美国通货膨胀率，令美国国债价格下跌。

中国国务院总理温家宝与采访十一届全国人大二次会议的中外记者见面时说道，中国是美国最大的债权国，中国关心资产的安全，要求美国保持信用，信守承诺，保证中国资产的安全。

美国布鲁金斯学会高级研究员埃斯瓦尔·普拉萨德说：

中国现在的影响力和它采取的行动，被视为外国投资者对美国政府偿还债务能力的一个主要的信心指示器。温家宝的那些话在一定意义上是显示实力，表明中国正利用其影响力告诉美国，应在货币和贸易政策上退让。

中国人民银行行长周小川在其文章《关于改革国际货币体系的思考》中写道，应该在国际贸易和金融中降低美元、欧元和日元等少数单独货币的主导作用。他认为，大多数国家都将它们的资产集中于这些储备货币中，这夸大了流动性的规模，使整个金融体系也变得更加不稳定。周小川表示：

创造一种与主权国家脱钩，并能保持币值长期稳定的国际储备货币，从而避免主权信用货币作为储备货币的内在缺陷，是国际货币体系改革的理想目标。

国民经济研究所所长樊纲表示，中国饱受美元本位之苦，他对周小川提出的扩大使用"超主权储备货币"(SDR)的主张表示赞同。

央行前副行长、央行货币政策委员会委员吴晓灵认为：

当前爆发的金融海啸，直接原因是金融衍生品泡沫和金融监管缺失。但从深层次看，这是储备货币国家经济失衡，同时其危机向全球传导的过程。不改革这一货币体系，其他国家只能被动接受整个过程。解决上述问题应该改革国际货币体系。虽然当前只能加强对储备货币国的监管和约束，但从长远看，应该让世界有更多储备货币的选择。

商务部研究院研究员梅新育表示，美元大幅度贬值在世界经济中造成的混乱已经有目共睹：初级产品价格扶摇直上，全世界通货膨胀压力加剧；国际贸易计价结算货币混乱。"除此之外，最大的后果是'山姆大叔'借此变相赖债"。

从2008年12月以来，中国央行已经与韩国、中国香港、马来西亚、白俄罗斯和印度尼西亚签订协议，互换货币总额高达5800亿人民币。在签署双边货币互换的同时，中国也和有关国家和地区在探讨双边贸易中使用人民币。

2009年4月，我国国务院召开常务会议，决定在上海市和广东省广州、深圳、珠海、东莞4城市开展跨境贸易人民币结算试点。

对此，人大财政与金融研究所副所长赵锡军表示：

进行跨境贸易人民币结算试点后，意味着进行贸易的企业可以直接用人民币进行结算，贸易交易成本大幅降低。同时，目前美国为应对金融危机大量发行美元，美元贬值压力加大，而以人民币作为贸易支付可以俭省用美元结算的汇兑成本，企业可灵活地应对汇率变动。

强势新时代

金融危机爆发之后，它的破坏力确实超过很多人的想象。当2008年大多数企业股价暴跌的时候，有股神之称的巴菲特砸出近200亿美元高调出击，希望能大举抄底。结果他旗下的伯克希尔·哈撒韦公司2009年2月28日公布年报说，2008年第四季度投资的收益骤降96%，全年表现创下巴菲特1965年接手公司以来最糟糕的纪录。而对手握巨额外汇储备的中国来说，怎么用好这笔财富，也绝非容易的事情。

渣打银行（中国）有限公司首席经济学家王志浩预言，2009年，中国即将迈入强势人民币与对外投资的新时代：

尽管出口滑坡引人心忧，但预计2009年仍将是实行强势人民币政策的一年，人民币将盯住近期走强的美元。加之国际大宗商品价格低迷，境外商品生产企业去杠杆化需求迫切，这将为中国企业创造出十分难得的对外投资机遇，预计中国对外直接投资将大幅增长。

王志浩认为，强势人民币是促使中国大规模对外直接投资的首要原因。

2008年10月，著名金融研究机构汤森路透对外发布亚太区投资银行业务状况。数据显示，2008年前三季，中国并购数量大幅增加了101.9%，达到1310亿美元，已超越2007年全年的水平。其中，资源领域的并购最为活跃，金额达到了389亿美元，占去了29%的市场份额。此外，统计显示，2008年以来，中国跨境并购达到了688亿美元，创出了新的年度纪录。

2009年，普华永道企业购并部亚洲区主管合伙人谢韬在接受《国际融资》采访时说道：

总体来说，2008年前6个月并购交易市场表现强劲，宣布的交易数量较2007年同期增长14%，达到920宗（交易金额达到460亿美元），2007年前6个月共宣布808宗并购交易（交易金额为280亿美元）。由于受中国国内因素的影响，加之全球经济危机的作用，2008年下半年的并购交易活动急剧下降，较2007年同期下跌近50%，年初的“经济降温”政策和全球经济动荡导致并购交易回到2006年以前的水平。我所说的国内影响因素包括应对高通货膨胀的政策(主要为加息)、新《劳动法》的实施、物价上涨以及股市下滑等。全球经济危机紧随其后,带来更为不利的影响。比如下半年由于受全球经济下滑的影响,海外并购交易数量较2007年同期下降29%,至32宗。但是这也反映出中国投资者等待交易条件改善,完成并购投资的趋势。

尽管交易活动减少,就交易数量而言,制造业并购活动最为活跃,而就交易金额而言,房地产业高居榜首。同过去两年一样,海外并购的主要行业还主要集中在矿业和金融服务业,2008年完成的并购交易数量分别为22宗和9宗。但是,很多其他行业开始跟进,包括高科技行业如医疗器械、计算机硬件/软件、生物技术等。

担任德国并购协会主席的鲁克斯预测,受到金融动荡的影响,中欧地区的小型家族企业在未来5年倒闭的概率大增。“这些企业正在等待救援,它们的大门已经向中国企业打开。”然而,中国企业走出国门的时候,尽职调查不足,有一些甚至根本没有做尽职调查。

中国之所以能够在这一次金融危机中受到的冲击比较小,主要是因为中国的金融业还相对封闭,中国金融行业高杠杆、高风险的产品很少;而我们现在海外投资损失最惨重的正是这些高风险的金融资产,譬如中投对黑石、摩根斯坦利的投资。

2007年5月,中投斥资约30亿美元以29.605美元/股的价格购买黑石近10%的股票。黑石集团上市后股价连续下跌,也造成了中投公司这笔投资大幅缩水。

著名经济学家郎咸平认为正是国际炒家与美国政府的联合作用,使得国际油价在2008年连连高升,接着他们鼓动买家抄底,又通过控制油价的下降卷走了一大笔钱。郎咸平在接受《数字商业时代》采访时说道:

我发现当油价从七八十美元开始上涨的时候,一些国际投行就会问这些大型企业要不要购买矿产,要不要签订远期石油合同,因为油价会上涨。这些企业开始不信,结果过了一个月原油价格从70多美元涨到90美元,然后又拉高到120美元每桶,就觉得很懊恼,再也控制不住了,于是就在这个时候签了,下个月油价涨到140块了,觉得赚死了。

这个时候签协议的另一个原因是,国际金融炒家的马前卒,包括投资家罗杰斯等人就会在那个时间在媒体上宣布,油价会到200美元一桶。所以中国企业认为即使在130、140美元/桶的时候签协议,还可以赚60~70美元。

除了一些企业到国外进行收购，中国国际航空、东方航空、中信泰富、深圳南方电力等公司，都和这些国际金融炒家包括高盛、摩根斯坦利、摩根大通等投资银行，签订了不同的远期保值合同。这些合同细节都没有披露，他们也不敢披露。

如今中国并购美国企业与20世纪80年代末的日本极为相似。从1985年到1990年间，日本对美国企业的收购狂潮，被一些美国报刊称为“经济珍珠港”。但是由于当时日本企业还缺乏海外投资经验，结果在期货、地产等市场都损失惨重。一个典型的例子就是，三菱公司在花14亿美元购买洛克菲勒中心不久之后，就以半价再次卖给原主。可以毫不夸张地说，一度风光无限的日本人购买的其实是一大堆“泡沫”。但是，日本将巨额的资本投入到像美国这样的国家，却没有经过深思熟虑，这个经验教训无疑值得所有国家进行总结和思考。

2008年度诺贝尔经济学奖获得者保罗·克鲁格曼在《纽约时报》的一篇文章中这样写道：

15年前，当日本公司大规模买进美国公司的时候，我是那些站出来劝美国人不要惊慌的人。也许你期望我现在用同样的话语来说明中国和当年的日本差不多。可是，来自中国的挑战远比当年来自日本的要严重得多。今天的中国比日本精明，而且，比日本更有威胁力。面对来势汹汹的中国，美国却有些底气不足：一方面依赖着中国的人民币，另一方面还依赖着中国在六方会谈等事宜上的政治斡旋的力量。

虽然保罗·克鲁格曼对中国的并购活动表示了赞赏，然而，此次的金融危机的不可预测性是超乎人们想象的，中国的并购活动也并未成功。

2008年9月，美国布鲁金斯学会资深研究员胡永泰在接受《南方周末》采访时表示：

中国应该审慎行事。收购美国金融股权，对中国政府而言需要加入政治上的考虑，对美国政府也是如此。

如果中国方面希望帮忙，需要考虑长期影响。短期而言，美国人会非常感激；但在长期会有麻烦。这已有先例——亚洲金融危机时，韩国卖出了两家银行的股权，其中一个买家现在要出售这部分股权，韩国人要求以当初的原价回购，否则不同意出售。

对中国的主权财富基金而言,或许收购美国金融机构股权的最佳方式是通过第三方间接持有。比如,中国已持有高盛的股权,他们可以通过高盛去购买其他华尔街公司。但这种方式对中国政府的控制力提出了很高要求。或许并不容易。

中国人民银行研究生部部务委员会副主席王自力接受《21 世纪经济报道》采访时说道:

首先,关于中国是否救美国的问题,是一个没有意义的问题。因为,中国根本没有这种能力。仅余的外汇存底,必须考虑用于战略性资源的储备问题。

美国将在危机中,部分地释放出战略资源的控制权和市场控制权,如美孚、微软、IBM 等质地优良的大公司和部分金融企业的股权,那才是中国需要的东西。政府持有现金,意味着持有机会,持有选择权。

对于那些迫不及待,以各种方式诱导或逼迫中国购买美国国债的人,我们应该报以和蔼的微笑。我们当然应该积极参与国际合作,但合作的内容是多元的,合作不等于出钱。

据瑞银银行对全球 180 多个多家 2009 年经济状况的预测,只有 5 个国家的经济增长率会超过 5%,只有 1 个国家会超过 7%,这个国家就是中国。由于看好中国的发展前景,很多位列世界 500 强的跨国公司都将中国市场看作全球布局中的重中之重,并将持续扩大在中国的投资规模。

独立经济学家谢国忠认为中国大多数公司还不具备海外并购的能力,但是这并不妨碍中国公司可以有更好的选择,他提出了另外一条思路。谢国忠说道:

中国现在可以把自己变成一个场地,是世界上最火爆的场地,那些有钱、有才的人都跑到我们这边来,所以我们这一把火烧起来后,我们变成世界中心了,所以根本不用说人家坐在那边是一个俱乐部的话,我们点把火,我们就是一个俱乐部了,不要挤人家的。

像华尔街一半人没工作了,硅谷的话就是纳斯达克掉一半,天天裁员多么惨哪,现在都等着,全世界的眼睛都看着中国,就是觉得中国很有钱,如果你创造这个世界的话,以后中国 20 年就是发展好了。

本章参考文献

[1]吴敬琏. 增加就业主要靠服务业[N]. 中国劳动保障报. 2005-06.

[2]吴敬琏. 改善社会就业环境是再就业的新出路[OL]. 中新网, 2001-03.

[3]雪婷,吴敬琏. 始终把保就业放在首位[OL]. 新浪财经,2009-01.

[4]樊纲. 创造就业中国必须成为世界工厂[N]. 第一财经日报. 2006-01.

[5]樊纲为就业问题支招:搞活中小企业直接融资[N]. 新民报,2008-08.

[6]刘文. 关注农民工"再就业"[J]. 财经,2008-12.

[7]宋晓梦. 进一步扩大农村内需——访全国政协委员、中国农业大学党委书记瞿振元[N]. 光明日报,2009-03.

[8]黎旭阳. 人大常委:金融危机对就业伤害大于对GDP伤害[N]. 广州日报,2009-03.

[9]吴海峰. 经济学家樊纲教授:高增长短期内解决不了失业问题[N] 中国证券报. 2003-08.

[10]谭雄伟. GDP增长对就业拉动下滑 中国经济的奥肯悖论[N]. 国际金融报,2005-09.

[11]蔡昉. 为什么"奥肯定律"在中国失灵——再论经济增长与就业的关系[J]. 宏观经济研究,2007-01.

[12]易宪容. 三标准测算何时买房 别冲动当了房奴[N]. 新京报, 2006-05.

[13]曾向荣. 买房时机已到? 易宪容称百姓买房最好等两年[N]. 广州日报,2009-03.

[14]许小青. 胡葆森代表:购房自住者何时买都合理[OL]. 人民政协网,2009-03.

[15]朱力. 揭开房价高涨幕后:房价2010年将再冲新高[N]. 中国产经新闻,2006-09.

[16]范大中. 警惕粮食短缺与房价高涨的双重危机[N]. 中国青年报, 2007-11.

[17]曾向荣. 买房时机已到? 易宪容称百姓买房最好等两年[N]. 广州日报,2009-03.

[18]日元先生:中国房价必跌[N]. 广州日报,2008-04.

[19]中国房地产库存全球最高,未来房价会继续下跌[N]. 东方早报,2009-02.

[20]刘涛. 2009年:全球贸易保护主义的高危期[N]. 证券时报,2008-12.

[21]鞠辉. 奥巴马:购物要买美国货、裁员要裁外国人[N]. 中国青年报,2009-02.

[22]默文说贸易保护主义不是金融危机的良方[OL]. 新华网,2009-03.

[23]七国集团讨论金融危机问题 反对贸易保护主义[OL]. 新华网,2009-02.

[24]刘军红. 应对金融危机扼制贸易保护主义[N]. 人民日报,2008-11.

[25]金融危机催生贸易保护主义[N]. 山西农民报,2009-02.

[26]郑兴,黄尹. 专家访谈:金融危机下贸易保护主义魅影重现[OL]. 浙江在线新闻网站,2009-03.

[27]国纪平. 初析国际金融危机:过度创新与金融风暴[OL]. 新华网,2008-11.

[28]谈佳隆. 茅于轼谈2009年热点经济话题:关键在保就业[J]. 中国经济周刊,2009-01.

[29]朱周良,胡永泰. 过分相信自由市场令美国引火上身[N]. 上海证券报,2008-12.

[30]胡永泰. 美中携手,带领世界走出衰退[N]. 南方周末. 2009-02.

[31]美联储大买国债引发美元贬值[OL]. 中国网,2009-03.

[32]吕天玲中美经济对话闭幕 中方指美元贬值致中国通胀[N]. 南方日报, 2008-06.

[33]外媒热议:温家宝总理直言担心美国国债价值[OL]. 金羊网,2009-03.

[34]中国持有美国国债超7000亿美元 仍是最大债权国[N]. 华尔街日报. 2009-03.

[35]全球流动性匮乏:一个真实的假象[N]. 21世纪经济报道,2008-11.

[36]Andrew Batson. 周小川提议创造新的国际储备货币[N]. 华尔街日报,2009-03.

[37]胡婧薇. 人民币:成为储备货币尚需时日[N]. 21世纪经济报道,2008-11.

[38]专家:人民币渐成各国看好的储备货币. 中央电视台,2009-03.

[39]蒋燕. 樊纲称经济年中复苏[OL]. 大公网,2009-03.

[40]发展改革委:4万亿元投资项目的安排已做必要调整[OL]. 发展改革委网站,2009-03.

[41]张翼. 国家发改委主任回应四万亿怎么花[N]. 光明日报,2008-11.

[42]韩洁,江国成. 四万亿元投资从哪里来[N]. 沈阳日报,2008-11.

[43]石建勋. 4万亿元投资该怎么花[N]. 人民日报海外版,2008-11.

[44]童芬芬. 成思危:四方面着手用好4万亿[N]. 中华工商时报,2009-01.

[45]刘元旭,杨维汉. "4万亿"蛋糕:从哪里来,到哪里去[OL]. 新华社,2009-03.

[46]宋燕华,王维熊. 范徐丽泰建言"4万亿"投资监督重点[OL]. 财经,2009-03.

[47]蒋彦鑫,苏曼丽,张晓蕊. 发改委解4万亿去向 基础设施建设将投资1.5万亿[N]. 新京报,2009-03.

[48]石磊. 四万亿资金救市:重要的是结构调整[N]. 解放日报,2008-11.

[49]王福重. 除了4万亿,还需要什么[N]. 上海证券报,2008-11.

[50]樊曦,朱铁凡,陈颖. 温家宝:中国经济刺激计划"初见成效"[OL]. 新华网,2009-04.

[51]钟柯轩,姚敏佳. 2009,经济增长能否保8%[N]. 钱江晚报,2008-12.

[52]左小蕾. 保增长,关键是要保内需保就业[N]. 中国证券报,2008-10.

[53]张元龙:4万亿成败在于拉动民间资本和就业[N]. 21世纪经济报道,2009-03.

[54]周晓燕. 十大产业与新动能[J]. 人民论坛,2009-04.

[55]季明,谢登科,马勇. 代表委员热议"十大规划"与中国经济发展[OL]. 新华网,2009-03.

[56]马光远."十大规划"是中国制造振兴与升级的双重奏[N].东方早报,2009-02.

[57]吴月辉.十大产业将成中国经济引擎[N].人民日报海外版,2009-02.

[58]陈楠.亚行:中国需要在增长和就业中重新找到平衡[J].商务周刊,2009-04.

第 9 章

中国战略:启动内需

“家电下乡、汽车下乡、电脑下乡、激活消费、扩大内需、发放消费券……持续降息、产业振兴、股市维稳、楼市放松、4 万亿刺激、2 千亿地方债……”从 2008 年初开始的从中央到地方的诸多经济调控行为,都只有一个目的——刺激内需,调整由出口型经济引擎显现“动力不足”的问题。

“永动机”停摆

受美国金融危机及增长衰落和市场萎缩的影响，中国面临着一轮“破茧重生”，却比以往面临更加艰巨的挑战。很多人都越来越明白：中国下一轮发展的推进器，将不能再依赖外需。因为美国这个战后50多年全球市场需求的“永动机”，似乎已经停摆。今后指望美国人还像以往那样周身信用卡，借钱超前消费支撑越来越庞大的“中国制造”，绝对不现实。面对全球金融危机，“中国制造”未能幸免于难。

著名经济学家吴敬琏在其文章《金融危机中国不可能独善其身》中写道：

和东亚的其他国家一样，我们国家也采取了以出口为导向的经济政策。最主要的办法就是让本国货币价格很低。同时运用政府的力量，加强关税壁垒和非关税壁垒，从而推动出口，限制进口。到了1994年外汇改革，人民币深度贬值，这时候就标志着全面转向出口导向政策。与其他采用这种政策的国家和地区一样，这种政策无一例外都获得了成功。但十年二十年后，这些国家都面临一个大问题——外汇结余大幅度增加，造成本币升值的压力增加，贸易摩擦加大。到了2006年的12月，我们的外汇储备超过了1万亿美元，位列世界第一。为了防止自己国内货币升值过快，我们就需要收购外汇，另一方面，央行还要发行货币来平衡这部分外汇。最近几年，央行发了8万亿的货币，对应产生40万亿的购买力和19万亿的GDP，货币供应过剩，就导致了三种情况：一是资产价格上升，房地产和股票价格大幅上涨；二是CPI上升，通货膨胀；三是二者兼而有之。2003年以后，经济过热让政府不得不采取宏观调控，提高准备金率来回笼货币。这种情况东亚很多国家都碰到了。日本1986年资产泛滥，房价、股价大幅上升，1990年崩盘后18年来一直没起来。中国台湾也遇到类似的情况。

2008年上半年，我国对美国出口从保持7年连续两位数增长的高位回落，首现个位数增长率。出口增速减缓影响了我国工业增长速度，全国39个工业行业中有31个行业增速减弱，31个省区中有23个省区工业增速放缓，我国出口导向型增长方式受到严峻挑战。中国海关数据显示，从2008年11月份开始，中国出口连续4个月出现下滑，其中2009年2月份出口额降至649亿美元，同比下降25.7%。2009年3月，国务院参事任玉岭表示：

要重视对外贸易占GDP比重过大的问题。我国对外贸易占GDP的比重1978年为9.7%，2000年发展到30.6%，2005年猛增到63.8%，2007年进一步增长到66.9%，中国外贸依存度已超过8个工业发达国家和两个发展中大国。由于我国外贸依存度过大，当经济危机严重影响到国外居民的收入与消费时，产品的出口必然萎缩，危机必然来临。根据对沿海地区一些企业的调研，出口订单减少，利润明显降低，生产越多越赔钱已经广为发生，浙江、广东一些企业关门、停产无不与此有关。

我国的国民消费占GDP的比例一直停留在40%以下，这同发达国家这个比值高达70%~80%相比，低出30~40个百分点。

面对外需的衰退，我国正试图使经济增长模式从单纯的出口拉动向出口、内需两方面促进转变。中国人民银行行长周小川也曾在多个场合表示，鼓励内需是减少贸易顺差的最佳途径，当前应鼓励内需、减少储蓄，让中国的工厂在国内市场中卖掉更多产品。

在2009年3月，中国发展高层论坛上，商务部部长陈德铭指出：

扩大内需与稳定外需并不是孤立的，两者有着紧密的联系。一方面，扩大内需可以相应的增加我们的进口，保持国际收支平衡，从而为稳定出口奠定基础，通过强化国内市场的竞争，提高国内产业的竞争力，为扩大出口创造条件。另一方面，通过稳定外需，也可以稳定国内的就业和劳动者的收入，提高国内居民的最终消费能力。

美国布鲁金斯学会资深研究员胡永泰建议中国应该大量派留学生出国，到世界上最好的大学深造。"这其实是一种进口，也是一种很好的投资。"因为多半中国学生到美国读书，都是美国出奖学金。而那些不能获得奖学金但又有经济实力的，便会选择自费出国留学，这其实也是一种减少顺差的好途径。

撬动内需，拉动经济增长

中国商务部部长陈德铭指出，中国是拥有13亿人口的大国，国内需求具有巨大的发展潜力，这是中国的优势，也是抵御外部经济波动冲击的重要基础。这就需要增强内需，特别是消费需求对于经济增长的带动作用。

英国《金融时报》首席经济评论员马丁·沃尔夫曾这样写道：

让人感到惊奇的是，根据中国的公开数据显示中国人民的可支配收入只占中国国民生产总值的40%，这方面当然不能和美国这些西方国家的70%做比较。英国的比例是70%，日本接近60%。首先就是要找出为什么中国的可支配收入占国民生产总值的份额那么低，为什么人们要存那么多钱，有可能是社会保障制度不健全、人们担心健康问题没有保障、保险制度不健全等等。印度人的可支配收入稍高一些，他们也储蓄。同样没有良好的社会保障制度，中国的富裕程度是印度的三倍，但是消费比例只高出了50%，这对中国是一个很大的挑战，意味着整套经济政策需要调整。政府应当将注意力转移到家庭，鼓励他们消费。

2009年3月，著名经济学家茅于轼在接受《长沙晚报》采访时说道：

这次金融危机源自美国，尽管相当严重，但不会像1929年的经济危机那样，时间长达五六年。危机产生的原因，就是美国超前消费。尽管中国独善其身是不可能的，但中国可能率先反弹。因为与美国相反，中国恰恰是过度储蓄。政府花钱很重要，但老百姓花钱也很重要，一定要释放民间购买力。我认为，全国包括中部地区可以考虑给百姓发消费券，尤其给农民发消费券。农村市场很大，一旦真正唤醒它，作用是非常明显的。

面对刺激内需会不会产生效果，也有不同的观点。瑞士信贷第一波士顿亚太区首席经济学家陶冬认为：“在社会保障体系没有得到完善之前，以及人们看病就医困难程度减低之前，降低储蓄率有些难度。”

吴敬琏表示：

1993年中共十四届三中全会决定，建立全覆盖、多层次的新社会保障体系。可是十几年过去了，由于遇到了政府内部的重重阻碍，这项极其重要的社会基础设施至今还没有建立，使弱势群体的基本生活保障不能落到实处。

德国发展研究院院长德克·梅斯勒同样表示，为了更好地撬动内需，中国要在完善社保、启动房产和消费品需求方面多下工夫。

迄今，中国内需最为“疯狂”的一次，当属一九八八年的“抢购风潮”。从柴米油盐到冰箱彩电，都会被排着长队的中国人买走。对此，有分析说，对通货膨胀的恐惧、长期压抑的消费需求瞬间得以释放，是形成“抢购风潮”的主因。

而如今，物价不但不涨，反有通货紧缩之忧；农产品供应充足，工业品甚至已有过剩之虞。雪上加霜的是，金融危机已令就业机会趋紧、薪酬下降。这使得老百姓更是捂紧了钱袋。

中欧工商学院教授许小年在出席“2008 上海陆家嘴金融博览会暨第五届中国国际金融论坛”时表示：

不要把推动中国经济的希望寄托在提高内需上，刺激内需根本无法挽救中国经济。在内外经济环境严峻的情况下，中国需解除制度束缚，增加经济的弹性，以应对外部冲击和内部经济变化。

在许小年看来，想要在目前的经济环境下通过居民储蓄搬家来刺激内需，从而提振中国经济，是不可能的。许小年说道：

试想，一个每年要提供5000元大学学费供养孩子的家庭；一个家庭成员生个“中病”（还不是大病）就可能破产的家庭，怎么可能不储蓄？用什么来刺激消费？

北京大学光华管理学院金融学教授 Michael Pettis 在《华尔街日报》撰文指出：

中国的贸易顺差还在上升。2008 年上半年略低于 170 亿美元的月度顺差水平本来已经很高，但到下半年上升到了接近 330 亿美元，今年（2009 年）1 月更是超过了 390 亿美元。刺激措施未能见效的原因是，资金没有投向它需要去的地方，也就是家庭消费和服务业，这些领域需求的上升可以更多地消化中国产品。

中国几乎不存在服务业，而事实证明要直接刺激消费简直是难于登天。于是，北京扩大内需的努力结果是大部分刺激性开支进入到投资及制造领域，特别是主导中国经济的大型国有企业。看看迄今已宣布的财政刺激计划中的部分内容吧：鼓励企业重组、提供补贴贷款支持有色金属行业进行技术创新；对电子和信息产品出口业提供退税；增加对纺织企业的出口退税。

这些措施在刺激"过度"生产（也就是超出中国国内消费能力）方面的效果大大超过中国政府通过家电下乡、下调汽车购置税等措施刺激家庭开支方面的直接努力。其结果是要维持就业和提振消费。但这些是通过提高制造能力（以及工厂工人的消费）间接实现的，而并未直接刺激消费。

启动农村消费市场

如果说经济是承载着国家前进命运的列车，那么消费就是这辆列车的发动机。只有当消费活跃有劲的时候，经济这辆列车才能加足马力向前发展。然而，金融危机的出现，总是像一股飓风，把人们的消费能力和消费欲望同时刮进了谷底。

担心城市消费者"徘徊不前"的专家学者们，想起了"农村包围城市"的战略。拥有9亿农民、尚未开启的农村消费市场潜力巨大，可以借此带动全国消费，以期走出经济困境。但即便把县城也计算在内，2008年中国农村消费额，在全国十万余亿元人民币的消费总量中尚不及三分之一。

从1998年以来，"扩大内需"一直是国内政府最为关注的重心。但是国内内需扩大是什么呢？中国社会科学院金融研究所研究员易宪容表示：

目前国内农民不仅本人无法分享国内经济快速增长成果，而且他们的贫穷正在代代相传，即在不公平社会环境内没有均等提升自己及家庭的机会。有人说，农民的收入水平取决于农民劳动生产率。但是在一个既定的制度环境和自然条件下，农民没有一定的人力资本积累，其劳动生产率要短期内提高是不可能的。农民收入水平不提高，用扩大农民内需作为经济增长极是不可能的。

内地贫富差距严重，城市人口中20%的富人拥有金融资产的66.4%，而20%的穷人仅拥有金融资产的1.3%。从消费零售额看，2007年县和县以下10亿人以上消费品零售额仅占国内生产总值（GDP）总量的11.7%，而县以上城市3亿人以下的消费品零售额占GDP总量的25.5%，如果按每人平均数计算，相差10倍左右。

国务院参事任玉岭指出：

由于收入差距过于悬殊，多数财富集中于少数人手中，因此造成大多数人需要消费，想消费却无能力消费的问题，这是国内市场消费比例低，内需难以启动的根本原因。

为此，任玉岭建议提升低收入人群的收入，扩大中等收入人群的比重，才能更好地启动内需。

从2009年2月1日起在全国范围内推广的为期四年"家电下乡"，同时把彩电、手机、冰箱（冷柜）、洗衣机、摩托车、电脑、热水器和空调这"八大件"投入更广泛的农村市场。然而，一些地方不顾农村的现实情况，在没有自来水、用电还不正常的情况下，就将冰箱和洗衣机之类的家电送下乡去。这也就难免出现"将洗衣机当米缸"之类的报道。有媒体调查发现，陕西省家电下乡20天后的成果：只卖掉了370台家电，平均每天卖掉不到20台家电产品。由此看来，不论是家电消费还是内需拉动，真正的、长期的增长动力还是来自于农民收入的真正提高。只有实际收入真正增加了，农民潜在的需求才可能变成现实的消费。

国家发改委产业所研究室主任、博士生导师姜长云表示：

时下有一种说法，叫做"扩大国内需求，潜力最大的在农村"。初看起来，这种判断是正确的。比如在彩电、电冰箱、洗衣机、摩托车、照相机等千元级耐用消费品上，城市消费已经饱和，而农村消费仍处于蓬勃发展的过程之中，扩大这些产品的国内消费，潜力最大的确实在农村。但如把这种观点推而广之，认为在任何产品、任何消费上都是如此，则有以偏概全之嫌。据此制定扩大国内消费的政策基调，有可能导致对扩大内需的重点把握失当，是不适当的。

实际上，除少数产品外，扩大国内消费潜力最大的不在农村。农村消费在国内消费中相对地位的下降，已经成为难以逆转的趋势……根据当前城乡收入和消费的巨大差距，也不能说明扩大国内消费潜力最大是在农村。许多研究消费的专家都知道，当前的农村人均消费水平要滞后于城市10～15年，如果将来农村人均消费水平达到城市人均消费2008年的水平，农村消费将会扩张很多倍。这种判断是正确的。

……扩大农村消费,最关键的还是要增加农民收入。在当前外需不振的情况下,尽管通过引导和扩大农村消费,可以拓展部分行业的市场空间;但在此方面,切忌缺乏战略眼光,如果只是在城市企业出现严重的产能过剩或出口滞销问题时,才想到农村,则迟早要被农民、被农村所拒绝。

农业大学党委书记瞿振元在接受《光明日报》采访时谈到了农村消费的主要倾向:

目前我们把关注点主要放在扩大生活消费,其实也应高度关注扩大生产消费。根据国家统计局投入产出表数据估算,一年的农业生产消费就达到1.6万亿元,如果算上农村乡镇工业、第三产业,生产消费数值会更大。特别是小型农田水利建设的任务很重,年久失修、配套不全等问题很突出,如果我们狠抓一下这件事,把今年(2009年)作为"小型农田水利建设年",并连续抓几年,既能吸纳大量农民就业,又能大幅提高农业综合生产能力。

房地产能否拉动内需

房地产业是国民经济的重要支柱产业,对于拉动钢铁、建材及家电家居用品等产业发展举足轻重。据相关测算表明,房地产业每减少100万平方米建筑量,就会影响30万人的就业,减少钢材需求2万吨,减少门窗需求8万套,减少2万套左右的卫生洁具需求。房地产行业在我国固定资产投资中所占比例已达1/4左右,且上下游共涉及50多个行业。居民的收入有50%左右都投入在了住房上,这是绝大部分人必须消费的一个途径,这为国家每年增加税收和收入提供了有力的保障。并且房地产对金融业稳定和发展至关重要,对于推动居民消费结构升级、改善民生具有重要作用。

因此,房地产在"保增长"中重要地位的确立,也更坚定了我们对于房地产行业长期发展的信心。

在1998年亚洲金融危机之后,房地产就是扩大内需的重要推动力之一。以1998年为分界线,1998年之后是住宅市场化的过程。

万科董事长王石在接受《21世纪经济报道采访》时说道:

1993年到1997年是房地产业很困难的五年。没想到亚洲金融风暴之后人民币贬值压力很大，出口受到重大影响，这就要刺激内需，当时经济学家说钢铁不行了，汽车也不行了，唯一能刺激消费的就是房地产。中央开始推动房地产市场，这是没有想到的。我当时绝对没有想到之后发展会那么乐观，尽管我对房地产长远看好。

1997年11月的一天，时任中国人民银行行长和国家第一副总理的朱镕基南下视察深圳，接见了一批地方企业家。朱镕基总理到深圳视察，要听取几家大企业的工作汇报。深圳市委指名王石汇报发言。王石回忆了当时的情景，他说道：

当时除了我跟总理谈的观点，北京的经济学家也有几派观点，但是朱总理说把房地产作为经济增长点，经济学家也大都遵循经济增长点的提法，而我从实际情况出发跟总理说房地产业不可能成为经济增长点：当时的房地产业问题很多，比如产业整体规模小、投资有限制、金融信贷歧视、没有领军的规模企业等，我只不过是在总理面前说了实话，反而总理印象很深刻。

1998年7月，国务院发布《关于进一步深化城镇住房制度改革加快住房建设的通知》，明确提出"停止住房实物分配，逐步实行住房分配货币化；建立和完善以经济适用住房为主的多层次城镇住房供应体系；发展住房金融，培育和规范住房交易市场"的深化城镇住房制度改革的目标。沿袭了约40年的住房实物分配制度终止，房地产行业逐步走向全新的发展时期。中国安然度过了亚洲金融危机，福利分房取消了，融资渠道拓宽了，消费信贷放开了……中国进入了新一轮的经济增长。

当美国金融危机来到之后，发达国家应对金融危机的救市措施一浪高过一浪，这轮由房价下跌引起的经济危机，已经蔓延到了世界各地。独立经济学家谢国忠认为：

为了解决需求疲软问题，中国政府必须刺激居民消费，以抵消出口下滑带来的影响；降低房地产购买成本，以消化眼下的存量房屋。这两个问题不解决，中国经济便不能重现高速增长。信心并不是中国家庭消费相对疲软的原因，事实上，收入低、财富积累少才是真正的肇因。

2008年，中国侨商投资企业协会副监事长、香港豪都国际有限公司董事长屠海鸣指出：

中国发改委发布的数据显示，中国70个城市的房价下跌，深圳下跌4成以上，北京3年来下降幅度高于全国平均水平，上海的市中心大约有四成楼盘没有成交。金融海啸破坏的香港楼市，破坏也开始显现。部分楼价开始跌到2003年的水平，被称为杀死价。在目前出口萎缩，如果房地产出现剧烈的下挫，中国经济将迅速下滑，风险继续加大。

为免经济及楼市大幅下滑，并借此改善广受抱怨的住宅问题，中国政府于2008年10月22日启用了全国性经济刺激政策，其中房地产税费的减免程度就达到1% ~3.5%，利息下降了20%，并鼓励地方政府出台更大力度的救市措施。

房屋销售量下降迫使开发商纷纷降价，而这却直接消除了人们买房的一个重要动因：在房地产市场上赚大钱。为了打破这一恶性循环，中国政府出台了一系列刺激房地产市场的措施，放宽了购房限制，并再度出言鼓励人们购买住房。

国务院总理温家宝在政府工作报告中谈及扩大内需时明确提出，促进房地产市场稳定健康发展。采取更加积极有效的政策措施，稳定市场信心和预期，稳定房地产投资，推动房地产业平稳有序发展。从近几年的统计数据看，房地产业增加值占GDP的比重达到4%以上。

“藏富于民”这道坎儿

从1998年亚洲金融危机时，我国就提出调动内需，但是10年过去了，我国的国内消费占GDP的比重不仅没有增加，反倒每年都有所降低，出现如此情况的原因，在于我们没能从根本上解决内需不足的问题。如前所述内需不足，归根结底是广大百姓的消费能力有限。

中国人的习惯和美国人正好相反，人们普遍爱存钱，所以就有很高的储蓄率，消费水平总是上不去。因为企业不富，个人也富不起来，个人富不起来，整个社会的消费水平就上不去，怎么拉动内需都是白费。绝大部分的老百姓工作只能挣得养活自己和家庭的基本收入，即使省吃俭用有些结余，也用在孩子读书、买房等等。社会保险机制也不健全，更加深了老百姓捂紧钱袋子的心态。

总的说来,居民消费受三大因素的约束:一是收入水平,尤其是受股市、楼市低迷和财产性收入减少,出现“财富负效应”;二是经济预期,人们担心经济萎缩导致日后收入减少,甚至出现失业风险;三是后顾之忧,主要是指基于社会保障制度和社会福利制度而产生的对即期消费的影响。由于三者的共同影响,目前出现居民平均消费倾向不高。

2007年,国民经济研究所所长樊纲在接受《21世纪经济报道》采访时说道:

现在大家一说储蓄高、消费低,都说居民不消费。可是中国居民不消费也不是事实。仔细分析表明,居民的消费率,就是居民自己的收入中拿出来消费部分的比率,这些年基本保持在72%到75%之间,相对稳定。那么储蓄率为什么不断提高?按照GDP来计算,居民的消费率已经降到40%左右了,这是为什么呢?原因是居民的可支配收入在GDP的比重在下降,就是居民的收入在GDP中,尽管也是增长,但比重在下降,谁在提高呢?政府在提高,从10%提高到24%,假定政府有很多社会责任要承担,那24%合理,但还有另外一个部分,就是企业未分配利润占GDP的比重在增加,从13%上升到18%,这两年还在进一步提高,会达到20%左右。而居民的可支配收入占GDP的比例从70%下降到60%。结果,是企业储蓄在总储蓄中的比重不断提高,现在已经从过去的20%提高到了40%左右,也与居民储蓄在总储蓄中的比重基本相同了。也就是说,这些年储蓄不断提高的一个重要的原因是企业(而不是居民)储蓄的提高!

……中国人不消费不是因为有钱不花,而首先是因为没有钱,整个国民收入分配给居民的钱太少、比重太低。对此,要统筹考虑税收、财政的改革问题,怎么更多的藏富于民,使储蓄和消费的关系更加平衡,而不是就消费论消费、就储蓄论储蓄。

自1995年到2007年的12年里,政府财政税收年均增长16%,城镇居民可支配收入年均增长8%,农民的纯收入年均增长6.2%。国家财税收入速度递增,远高于GDP增幅,远高于民众收入增幅。长久下去,财富越来越集中在政府手中,经济增长的好处越来越由政府享受,国愈富,民众收入在不能保证同等增长的情况下,这样的增长就失去应有的意义。

中国商务部部长陈德铭表示:

中国百姓的高储蓄率是有其合理性的，因为基于现在的中国文化、社会保障结构、中国这样的购买力，中国老百姓的消费和中国现在的储蓄基本上是合理的。如果要进一步扩大中国人民的消费，除了投资以外，还要改变一些投资和消费的关系，这可能是长期宏观调控的过程。在过去的六七年里，中国储蓄率上升了，但是这个上升主要是企业储蓄，中国的城乡居民的储蓄基本上处在一个和他们的社会同步增长的情况。

要使国人能在劳动收入之外，通过增加财产性的收入来分享三十年改革开放的成果，一个首要的条件就是要藏富于民，让财富真正存在居民手中，变为可支配收入。如此，通过消费拉到内需，居民通过投资于资本市场获得财产性收入的增长，才是题中应有之意。

一般研究和熟悉市场的人都知道，人们的消费预期很大程度受收入预期影响，在消费问题上，社会保障不健全与劳动者工资持续走低，后者对于消费的影响会大大高于前者，收入的不确定性会直接导致人们的预期紊乱。

当人们收入不能随国民经济持续增长，要想启动内需很困难。世界银行一直关注中国的内需问题，最终他们得出的结论与国内很多学者的意见是一致的，真正影响内需的“是劳动者收入不高”。独立经济学家谢国忠表示：

以前中国人为什么不买，其实是因为手中没有财富。而现在政府手中有巨大的财富，如果政府能够藏富于民，比如把国有企业的股票分给老百姓，那中国的经济又可以旺好多年。

谢国忠认为：“藏富于民是一道坎儿。要渡过这场危机，早晚都要过这道坎儿。”

著名经济学家郎咸平同样认为：

还好中国政府对此有着清醒的认识和判断，出台了4万亿的投资措施，使得我们看到了国家救市的信心，但是有良好目的的同时，如何选择路径就显得非常关键。除了进行基础建设，还需要更多投资那些能够“藏富于民”的行业。不能只投资水泥、钢铁等行业，过度关注GDP的增长，一定要投资基础建设以外的，能够让老百姓受益的、与民生相关的行业，使企业利润增加，员工薪水提高。只有老百姓手里有钱，同时又有完善的社会保障体系，才能真正拉动内需。

要想真正拉动内需，刺激消费，必须做到“藏富于民”，而不是藏富于少数人。国务院参事任玉岭表示：

是要重视收入差距过于悬殊问题。我国城市人口中的20%富人拥有金融资金的66.4%，而20%的穷人仅拥有金融资产的1.3%，从消费零售额看，2007年县和县以下10亿人以上消费品零售额仅占GDP总量11.7%，而县以上城市3亿人以下的消费品零售额占GDP总量的25.5%，按人均计算，相差10倍左右。正是由于收入差距的过于悬殊，造成多数财富集中于少数人的手中，大多数人需要消费，想消费但无能力消费，这才是国内市场消费比例甚低，内需难以启动的根本原因。

在实现老百姓“有钱可花、有钱敢花”的目标上，我们的近邻日本有过很成功的经验。1960年，日本池田内阁宣布实施“国民收入倍增计划”，在这个人口数字达到美国一半的国家发起了一场消费者革命。从1960年到1973年，日本人均实际国民收入甚至增加了2倍，失业率也保持在1.1%～1.3%的低水平。“国民收入倍增计划”成为了日本经济起飞的基础和转折点。

可以看出：就是必须把“藏富于民”作为长期经济发展的指导战略，有效扭转居民财富收入增长速度落后于国家财政收入增长速度的问题。藏富于民，财富跑不了，还可以更好地保值、增值，尤其是把它消费在国内，就能让国家的财富像滚雪球似的越滚越多。央行前副行长、央行货币政策委员会委员吴晓灵表示：

现在中国经济的外向拉动程度要远远高于1998年，产能过剩的状况远远高于1998年。1998年，我们启动内需，还有大量的基础设施可以投资；消费方面，房屋和汽车消费还没有启动，当时银行启动了住房消费和汽车消费贷款，极大地推动了内需。而现在面临的问题是，住房面临价格的泡沫，老百姓有支付能力的住房需求受到了很大的压抑；汽车消费面临着高油价和环境污染、环境承受能力的制约，因而在居民的住房消费、汽车消费上已经不能和1998年相比。现在要做的是，改变国民收入分配格局来启动老百姓的消费，这不是一日之功。

2009年2月28日，在和网友交流时，国务院总理温家宝这样说道：“取决于消费的不在于一般号召，而在于消费者口袋里是不是真的有钱。”温家宝在作《政府工作报告》时，将他藏富于民的具体措施和盘托出：仅2009年实行结构性减税和推进税费改革，初步测算，就能减轻企业和居民负担约5000亿元！

中国商务部部长陈德铭表示：

中国是一个发展中国家，目前人均GDP在世界处在第105位，我们能够扩大的内需是可以通过计算算出来的。中国政府长期致力于启动自己的内需、启动自己的消费。一方面中国政府会不断地进行投入，对完善社保体系进行投入，对流通网络进行投入。另一方面，中国市场的扩大是随着中国经济的增长、中国每个人收入的增长、每个人口袋里钱的增长，当百姓有了钱内需启动并不是难题。

央行报告特别指出，在当前全球经济增长显著放缓、外需不足的情况下，拉动经济增长必须通过增加投资或消费。由于投资主导型的经济发展模式会增大资源环境压力，引起居民之间、城乡之间收入差距扩大，部分行业还会出现较严重的产能过剩，容易导致经济增长大起大落，难以长期持续。因此，必须尽快转变经济发展方式，改变居民收入在国民收入分配中的比重偏低，居民收入水平增长低于经济增长的现状。

央行报告建议，短期内可首先考虑针对农村低收入户、中低收入户和城镇低收入户的消费鼓励措施，如增加补贴提高收入、扩大消费信贷等，对消费产生直接拉动作用；中期来看，应着力提高城镇中等收入居民消费；长期来看，则应改善社会保障状况以及改善国民收入分配结构、缩小居民收入差距。

本章参考文献

[1]陈德铭．中国外需下滑拖累内需开放路线不变[OL]．搜狐财经，2009－3.

[2]芦龙军．国际商会主席冯国经：中国内需将拉动世界经济．新华社，2009－3.

[3]庹晓骅．中国内需十年内将年增18%仅次美国列全球第二[N]．东方早报，2005－10.

[4]蒋旭峰,黄歆,马述昆．措施得当将加大内需“马车”对中国经济的拉动作用[OL]．新华网,2009－3.

[5]臧中堂．龚方雄:中国GDP要保八还需出刺激内需政策[OL]．腾讯财经,2009－3.

[6]臧中堂．龚方雄:中国内需大大超出全球投资者预期[OL]．腾讯财经,2009－3.

[7]陈德铭．中国人均GDP世界排名105内需有限[OL]．搜狐财经.2009－3.

[8]杨建文．扩大内需就是多花钱多消费吗[N]．解放日报,2008－11.

[9]谢国忠．收入低财富积累少是消费疲软主因[N]．新快报,2009－3.

[10]Michael Pettis. 中国的内需难题[N]．华尔街日报,2009－3.

[11]忻尚伦．许小年:内需根本无法挽救中国经济[N]．东方早报,2008－9.

[12]国务院参事:中国收入差距过于悬殊致内需难以启动[N]．中国经济周刊,2009－3.

[13]对话樊纲:亚洲金融危机的启示[N]．21世纪经济报道,2007－5.

[14]经济学家茅于轼:应考虑给农民发消费券[N]．长沙晚报,2009－3.

[15]马丁·沃尔夫．刺激个人消费的最好方法[N]．上海证券报,2009－2.

[16]吕天玲．再造中国经济引擎[N]．南方日报,2009－3.

[17]赵建华．观察:中国内需“渴望”升温消费“瘦马”亟待养肥[OL]．中国新闻网,2009－3.

[18]易宪容．寻求中国经济增长点,百姓支付能力决定内需扩大[N]．中证报,2005－10

[19]任玉岭．中国贫富悬殊,内需推动难．中评社,2009－3.

[20]银河台《民生录音棚》:如何刺激消费拉动内需[OL]．中国广播网,2009－3.

[21]姜长云．扩大内需,潜力最大的在农村吗[N]．经济观察报,2009－3.

[22]张林秀．扩大农村内需应从根本性问题抓起[N]．科学时报,2009－3.

[23]观察:房产新政拉动内需调控成果或将明年见效[N]．国际金融报,2008－10.

[24]张歆．房地产曾是“莽撞少年”“临危受命”拉动内需[N]．证券日报,2009－3.

[25]冬冬．香港侨商屠海鸣:房地产事业是拉动内需的火车头[OL]．中国侨网,2008－10.

[26]房地产肩负拉动内需的使命[OL]．金融界网站．2008－11.

[27]蓝学才．房地产是拉动内需“猛药”[OL]．东莞报业网,2008－10.

[28]王石:曾建议朱镕基总理房地产业不可能成为经济增长点[N]．21世纪经济报道,2008－12.

[29]潘中法．财金人生房子是用来住人的[N]．新闻晨报刊,2009－3.

[30]深圳断供潮演变成白送楼,断供业主情愿倒贴．央视国际．2009－3.

[31]夏阳．人大代表胡葆森:中央政府肯定不会救房地产[N]．21世纪经济报道．2009－3.

[32]王石称“万科已做好最坏打算”将进一步下调房价[N]．南方都市报,2008－8.

[33]王石:现在的房子质次价高建议三四年后再买房．中央电视台．2007－12.

[34]李伟．发改委专家:缩短战线可助房企“平安过冬”[OL]．网易财经,2008－8.

[35]中国房地产库存全球最高,未来房价会继续下跌[N]．东方早报,2009－2.

[36]时寒冰．地方政府救楼市是螳臂当车[N]．新闻晨报,2008－10.

[37]臧文茜．忧虑地产业崩盘 俄罗斯政府购房4万套救市[N]．第一财经日报,2008－12.

[38]两难选择:地产救市还是不救[OL]．观点地产网,2008－10.

[39]龚方雄．房市现复苏迹象,地产股将扮反弹中坚[N]．新快报,2009－3.

[40]任玉岭．中国收入差距过于悬殊致内需难以启动[N]．中国经济周刊,2009－3.

[41]谈佳隆．茅于轼:关键在于“保就业”[N]．中国经济周刊,2009－1.

[42]张骏斓,姜燕．郎咸平:拉动内需必须要“藏富于民”[OL]．新民网,2008－11

[43]庞贝．藏富于民终于呼之欲出[N]．华商晨报,2009－3.

[44]韩晓波．评论:拉动内需与藏富于民[OL]．人民网,2008－11.

[45]谢国忠．政府应藏富于民 很多人把股市看太重．每日经济新闻,2009－3.

[46]王石川．藏富于民,是时候了[N]．中国经济时报,2008－7.

[47]李翔．藏富于民,期待制度创新[N]．上海证券报,2008－9.

[48]藏富于民要把握住度[N]．中国经营报．2009－2.

[49]倪小林．“藏富于民”有利于经济社会健康发展[N]．上海证券报,2007－3.

[50]马晶．国民收入倍增计划造就日本黄金时代3点启示中国[N]．新京报,2007－3.

[51]杨建文．扩大内需就是多花钱多消费吗[N]．解放日报,2008－11.

[52]高虹．罗奇谈中国新挑战:中国人要多花钱少存钱[N]．海南日报,2006－4.

[53]周小川．关于储蓄率问题的思考[OL]．央行网站2009－3.

[54]邱敏,曾向荣．日本泡沫经济启示录:中国步入泡沫了吗．广州日报．

第 10 章

金融危机下：中国企业如何生存与发展

人民币升值、新劳动法实施过程中劳动力成本的大幅上升、能源和原材料成本波动加剧，以及全球经济衰退导致的外贸出口不确定性……美国今日财经新闻网站的资深编辑克里斯多弗·伯格罗列认为一系列不利因素，反映了相当一部分投资人的顾虑，他们甚至担忧“中国制造业扩张的黄金时代可能已经结束”。

首要战略:活下去

目前我国中小企业数量近4000万户,占全国企业总数的90%以上,中小企业创造的最终产品和服务价值相当于国内生产总值的60%左右,上缴税收为国家税收总额的50%左右,提供了80%以上的城镇就业岗位,完成了我国65%的发明专利和80%以上的新产品开发。

著名经济学家吴敬琏认为小的就是美好的,他在一次演讲中说道:

人们常常以为美国电子工业的活力来自微软、惠普等大企业。其实不然。第一,这些大企业是由小企业一步步发展起来的。第二,在它们成为大企业后,还要靠收购和改善千千万万个充满活力的小企业的科研突破和发明创造才能保持自己的活力。所以西方国家政府不采取偏袒大企业的做法,而是努力消除大企业的垄断地位,保持竞争环境,为千千万万个小企业创造自由竞争的空间。在这样的环境下,大量的小企业得以生存发展,始终保持发明创造的活力,才能保持经济的持续发展。战后各主要国家主动打破垄断,如美国的反垄断法、德国的反卡特尔法、日本的公平竞争委员会等等。与此同时,形成了扶植中小企业的整套做法。

1998年,亚洲金融风暴曾经给中小企业以惨痛的打击。2008年,更为猛烈的全球金融危机再一次凶猛袭来,我国中小企业遭受了前所未有的冲击。仅2008年上半年,就有6.7万家中小企业倒闭,未来的日子还将充满艰险。

2008年11月,广东省中小企业局副局长官维平在接受《广州日报》采访时说道:

我觉得中小企业可谓弱势群体,危机一来,最先应声而倒的往往是它们。有什么困难,也不像大企业一样有机会有渠道说出来,平时招投标资质不够,贷款又难。

但是,中小企业是社会稳定的前提和经济发展的基础。今天的许多大企业也都是从小企业发展来的，很多技术创新都在小企业先试验。根据国家的统计数据，目前中小企业占全国企业总数的99.8%以上，中小企业所创造的最终产品和服务价值占全国国内生产总值的60%左右，上缴的税收已经超过全国的一半，创造了77%就业岗位，80%的下岗职工在中小企业工作，获得了65%的国内发明专利，75%技术创新由中小企业完成，80%的新产品是由中小企业创造。所以我说，中小企业是社会稳定的前提和经济发展的基础。目前全省（广东省）有288万个体户和近100万中小企业。一个个体户至少能解决3个人的就业，而且一个工作的人背后是整个家庭。你可以看到，中小企业有多重要。

我认为，对中小企业的政策应该是扶持性和公益性的。比如美国中小企业在企业总数中的比重也达到90%以上，联邦政府可以为中小企业融资做担保。

吴敬琏认为，眼下政府要采取更多措施，帮助实体经济特别是中小企业渡过难关，也要帮助它们转型，提高产业竞争力，提高产品附加值，才能从根本上解决问题。吴敬琏表示：

为了抑制通胀趋势、保持物价稳定，采取货币总量紧缩是必然的，但受货币紧缩政策影响最大的主要是中小企业，而中小企业是经济的基础，因此，在货币总量紧缩的同时，在金融上要采取措施尽量保护中小企业。

阿里巴巴集团董事长马云在2008年12月接受香港媒体采访时说道：

面对危机，中小企业当前的首要战略就是活下去，不死才是硬道理。

今天是机会，不要怕竞争，也不要惧怕危机。如果现在才意识到金融危机真的来了，已经晚了。现在是蓄势之时，在危机的背后，是难得的机会。中小企业要手持现金，不要贪小财，该破产的公司就让它破产，不要看见破产是并购的机会就出手，可能会因小失大。一旦危机过去，被并购的公司会因为你趁着危机并购而出现分歧。更重要的是坚持不放弃，今天很难，明天更难，但过完明晚就是黎明，要活下来，才能看到太阳。

“中国制造”怎样突围

自20世纪90年代以来，以制造业为主的中国经济得到了长足发展，中国在全球制造业中比重从3%提高到2007年的13.2%。目前,中国的制造业在全球占有重要地位,位居美国之后已经成为全球第二大制造业国家,并具有“世界工厂”的称号。

金融危机发生之后,世界贸易组织发表的预测报告中称,2009年世界贸易总量将下降9%,这将是自二次大战以来最大的降幅。其中,发达国家的贸易量收缩10%左右,发展中国家的贸易量下降2%~3%。

金融危机的冲击,让一度依靠低廉价格和劳动密集繁荣起来的“中国制造”面临着前所未有的困境。北京大学产业与文化研究所常务副所长、研究员郭梓林教授做客搜狐《第一时评》节目时说道:

因为美国首先引发了这个经济(金融危机)问题,和美国做生意的这些企业,就必然受到影响。订单减少了,手里面的钱就不够用了,经济恐慌了,人就爱把钱捂住了,不愿意买东西,购物就少了,准确说是准备要过穷日子了。而我们的生产,是按照原来计划进行的,厂家是按订单组织货源、安排生产的。生产有一个周期,所以通常是明年客户想要什么,今年就要着手准备生产计划了,结果生产出来之后,人家不要了,人家买不起了,或者说,要是要,但不要那么多了,甚至要是要,但只能给你一点点钱。这就麻烦了。所以说,首先冲击的是跟国际关联度较高的生产型中小企业。

2008年10月15日,全球最大玩具代工商之一合俊集团旗下两家工厂倒闭。这是受美国金融危机拖累下水的第一家大型中国制造企业。合俊集团东莞樟木头工厂的产品主要销往美国。合俊为全球最大的玩具商美泰公司提供OEM业务,知名代工产品包括美泰、孩之宝等。世界玩具五大品牌中,合俊已是其中三个品牌的制造商。中国制造业企业的倒闭现象在2008年与2009年可以经常看到。

2008年10月,商务部副部长高虎城在接受新华社采访时说道:

美国次贷危机已演变为百年一遇的全球性金融危机,对实体经济的影响还在加深。国际货币基金组织等机构都已经调低了世界经济、国际贸易增长的预期。目前,美欧日三大经济体均已陷入衰退的边缘。在全球经济低迷的形势下,贸易保护主义会进一步加剧,我国面临的贸易摩擦形势将更加严峻。特别值得注意的是,国外一些金融机构倒闭或被收购、接管,部分国家或地区信用恶化和萎缩,进出口贸易中的履约风险和结算风险也将进一步增大。

2009年,我国著名经济学家茅于轼在接受《中国经济周刊》采访时表示:

未来一段时间,中国经济要依赖于出口拉动已经是不行的,这个时间窗口已经过去了。我们大量的外贸盈余造成了国家贸易的失衡,因而调汇率是一种长期的趋势,如果人民币的升值是必然无疑的,这会对外贸造成越来越多的困难。此外,国际上低劳动力竞争发展很快,像印度、越南、孟加拉国等国家的廉价劳动力已经使得中国的劳动力逐渐丧失比较优势。

对许多出口企业而言,全球经济不景气导致的外需减弱已是客观现实,订单减少、生产规模收缩将是今后一段时间企业面对的共同问题。但与此同时,世界市场对中国产品的庞大需求仍然存在,“维持住”成为企业未来生存和发展的前提。

亚洲制造业协会秘书长罗军在接受新华社记者采访时说道:

欧美制造业在金融环境恶化、高油价、老百姓购买力降低、经济严重下滑的多重不利因素影响下,遇到了前所未有的困难,金融作为经济的“血液”,不能正常流动,这种负面影响正在由虚拟经济向实体经济渗透,最终将导致更多欧美企业在金融危机中倒下。而中国巨大的外汇储备和良好的经济基础,以及坚持改革开放的国策,将确保中国经济形势继续保持稳健的发展势头。每一次全球经济的巨大震荡,都将是某些行业的一次重新洗牌。中国制造业在人民币升值的有利形势下,参与全球化其实是一个难得的机会。

面对金融危机,长三角、珠三角中小企业“寒意袭人”,不少企业倒闭,产值下滑。晋江鞋业却“风景独好”,2008年实现产值321亿元,同比增长28.4%;2009年一季度,规模以上鞋企实现产值74.2亿元,同比增长19.2%。数据显示,2009年1—2月晋江出口额增长3.92%,而同期全国出口增速为-21.7%。面对“大考”,晋江3000多家鞋企何以交出如此“靓丽答卷”?

在晋江,不但是乔丹,安踏、特步、361度等国内知名品牌,都与当地的制鞋企业进行了有效的合作,解决了一批中小型外贸企业的生存问题,而安踏的外包订单更是达到了50%。

安踏公司2009年3月2日最新公布的2008年度公司财报可谓“炙手可

热”:在财务表现方面,营业额突破人民币46.3亿元,增长约为55%;全年纯利为8.95亿元人民币,暴涨66.38%。

安踏公司副总裁张涛在接受《中外管理》采访时表示:

许多中国本土运动产品企业的发展历程,包括了几个典型阶段:代工,做纯产品制造,然后开始大量批发产品,而不是注重品牌的打造,再到后来大家都开始意识到品牌的重要性,开始去做品牌。但安踏并不是这样。首先我们意识到品牌运作对于体育用品企业的重要性,在意识到这个重要性之后,我们率先做了大胆尝试,全面实施品牌战略,从品牌启动阶段迅速进入品牌运营阶段。

随着安踏、爱乐、361度、乔丹等本土品牌强势出击,晋江这座城市从“制造中心”向“品牌之都”转变。

能够在金融危机中“独善其身”,还得益于晋江鞋企引入“轻资产运营”模式。按照这一模式,企业将产品生产环节(或部分)交由其他厂商代工,而自身集中于设计开发和品牌推广,将资金集中在产业链中最能够拉动销售、带来效益的环节,从而获得较高的投资回报率。目前,“轻资产运营”模式已成为全球体育用品产业的主流商业模式。

作为晋江鞋业的代表,安踏体育董事会主席丁世忠谈起了成功之道:

目前中国的制造优势十分明显,全球80%的体育用品都在中国制造。我们现在能快速发展,核心问题就是我们拥有快速的业务模式。供应链是企业有效运转的基础保证,对于消费品公司尤为重要。公司自有生产、扁平化的下游批发商管理,都有助于供应链管理更加有效。

从“贴牌”生产到“造牌运动”,晋江曾经演绎出中国制造业界自主创牌的“神话”。这个面积仅649平方公里的东南沿海小城,运动鞋业如今已拥有19枚中国驰名商标、9个中国名牌产品和54个国家免检产品,“国字号”品牌占全国同行业的一半以上。晋江运动鞋不仅达到全国产量的40%,晋江更已成为名副其实的中国鞋业“品牌之都”。

充分利用“土豆效应”

2008年,面对金融危机,国民经济研究所所长樊纲提出“土豆现象”。

“土豆现象”是指在一般经济情况下，面包2元一斤，土豆1元一斤。在经济大萧条时期，食品消费金额会压缩，但食品总消费量不可能减少。因此人们会减少面包的消费，而土豆的需求会上升，进而导致土豆的价格上涨。

2008年，沃尔玛宣称其10月份零售增长占到全美除汽车和餐饮业外零售增长的一半，正是“土豆效应”在发挥作用。除了经济型酒店意外走强的出租率印证了“土豆效应”外，一些大众化的平价小餐饮也意外受到市场的热捧，再次论证了“土豆效应”的存在。

国民经济研究所所长樊纲认为：

需求和消费削减的先锋是奢侈和高档产品，必需品和物美价廉的产品需求却相反。历史上，日本经济泡沫和美国IT泡沫破裂后，中国对两地的出口都曾出现增长。

商务部政策研究室副主任张国庆说道：“2009年世界经济深度下滑已成定局，发达国家经济普遍衰退，发展中国家未来受到的影响可能比发达国家更严重。我们必须利用好‘土豆效应’，抢占基本商品市场，并千方百计开拓新兴市场。”

美国布鲁金斯学会资深研究员胡永泰在接受《南方周末》采访时说道：

1990—2000年，信息革命出现，以及中国加入全球体系，使得全球经济效率大为提高，大量便宜货来到美国，供给大增，在需求没有根本变化的情形下，物价水平向下。

如今，面对金融危机，面对经济衰退，世界又怎么可能拒绝便宜货呢。

2008年12月28日，在广东省中小企业发展年会暨珠三角中小企业投融资高峰论坛上，国民经济研究所所长樊纲表示：

天下有这么多人，只要天下有人要皮鞋袜子，就得有人造。不在中国创造，就在印度创造，那么为什么不在中国创造？钢铁、水泥、大楼等等都需要有人造，为什么中国不搞？我们既要关注未来趋势，又要关注当下现实，做低端的并不可怕。中国这么多低收入阶层，这个市场也很大！低端的东西一样可以挣大钱，山寨机挣钱挣得多了！

而且现在，危机来临，正是低成本产品在市场卖得好的时候，经济学家叫这些物品为吉芬物品。大萧条时期，人们买不起面包，去买一块钱一斤的土豆。沃尔玛卖低端产品，70%的中国货；一元店到处都是且都活得很好；

格兰仕卖得好,为什么呢?因为低端的东西现在正是好卖的时候。

我个人对中国目前产业结构,还是有信心的。我相信明年(2009年)中国出口仍会有正增长,全世界可能负增长,而中国还可能是正增长。

所以,要看到我们的优势。回归实业,专注搞我们的优势产业,让我们继续去占领世界市场。

尽管"中国制造"遭遇了严寒的冬天,尽管人民币升值、资源价格暴涨,劳动力成本急剧上升,都在威胁并恶化着"中国制造"的生态环境……但是,强大的"中国制造"的魅力仍然不可抗拒。谁能抗拒"中国制造"的魅力?金融风暴也好,经济危机也罢,影响最大的是虚拟经济和奢侈品消费、高档消费品市场,而这两处却偏偏没有"中国制造"的什么事儿。

2009年3月,全球最大的中文搜索引擎、为数十万企业提供搜索营销服务的百度公司发布《中国中小企业生存现状调查报告》显示,尽管总体处于动荡期,但是中国的中小企业仍呈现出一种乐观情绪。超过五成的受访中小企业表示受金融危机影响不是很大,甚至有53.2%的企业预测2009年营业额将增加,仅有1/4的企业预计2009年的营业收入可能会减少。

博斯公司大中华区总裁谢祖墀在接受《经济观察报》采访时说道:

这次金融风暴对全球已经造成巨大的影响,中国也不例外。不过相对其他发达国家,中国的经济增长虽在绝对值上有所减缓,但在相对值上还是有所增加的。对许多跨国公司来说,金融危机反而使中国的战略地位增强,甚至于具有重大的战略意义。

正如我们在报告(《2008—2009年度中国制造业竞争力研究报告》)中所述,中国依然被绝大部分跨国制造企业视为具有竞争力的生产基地。我们相信在金融危机以后,中国仍将会是很多跨国企业全球价值链的核心。但不少受访公司认为,中国要想长期保持这种竞争力,还需要更进一步改善知识产权保护,引入降低贸易壁垒的政策,协调各级政府机关的行政,提高中国制造的产品质量和安全水平等。

"腾笼换鸟"的争议

被称为"世界工厂"的东莞乃至整个珠三角,正在经历着产业转移的阵痛，在经过20年多年的高速发展后，一方面土地、资源、能源的紧张，已经使这一区域的企业没有了发展的空间，而外来的优质企业更无法进入，严重制约了当地经济的发展；另一方面，近几年劳动力成本上升、原材料价格上涨、人民币升值、出口退税下调等等，使得不少劳动密集型的加工贸易企业纷纷破产倒闭，仅东莞2008年上半年就有300多家企业倒闭或迁离东莞。

中国社会科学院人口研究所所长蔡昉这样建议道：

亚洲“四小龙”当年靠劳动密集型产业起步，发展到一定程度后，就把劳动密集型产业转移到国外，转攻资本和技术密集型产业。但我们跟“四小龙”不尽相同，“四小龙”都是小规模经济体，我们地大人多，不能照搬“四小龙”的经验。

中国东西部差异巨大，我们不妨把在东南沿海地区遭遇发展瓶颈的劳动密集型产业转移到中西部地区，用中西部地区与印度、越南这些同样具备劳动力成本优势的国家竞争。

虽然中国的工资水平在不断提高，但研究表明：中国近年来工资的增幅与劳动生产率的提高幅度是同步的，依然拥有劳动力比较优势。据我所知，中国中西部地区，无论是政策环境、基础设施，还是劳动力素质，都要优于印度和越南，发展劳动密集型产业的优势明显。因此，我们要想方设法引导东南沿海的劳动密集型企业搬到中西部去，尽量不让它们流到印度和越南。

2008年“转移”，在广东第一次被高调提出。此前，更多的提法是“转型”。为了避免不被产业结构所调整，广东省政府提出了“腾笼换鸟”的决策：将珠江三角洲的低端制造业转移至粤东、粤西、粤北，把高端技术产业引入到珠江三角洲。广东省委书记汪洋在结束东莞考察时曾说：“只要下决心迈出第一步，把笼子腾出来，不愁引不来金丝雀。”

广东省省长黄华华给珠三角正在发生的变化做了解释：

珠三角企业没有出现大量外资撤离的现象。更好地巩固三资企业和加工贸易企业，是广东省政府未来要做好的事情。而其中很重要一条，就是做好产业的转移升级。广东正准备出台新政策，鼓励劳动密集型产业向本省山区、东西两翼转移。

“腾笼换鸟”政策自提出以来，一直争议不断。中国工业和信息化部部长李毅中2009年3月23日在北京回答有关“腾笼换鸟”的问题时说：

目前最紧迫的任务是要尽快扭转经济下滑势头,当务之急是要救活企业,不让其破产。珠三角是中国最发达的地区之一,也到了调整结构、进行产业升级的关键时刻。从长远来说,我赞成珠三角发展高端制造业,把一些低端制造业转移到内地或本省西部一些比较贫困的地区,但也要处理好应对当前金融危机和长远调整产业结构的关系。

英国剑桥大学经济学者张炜认为:

目前强调"腾笼换鸟",即使是在政策层面,也是过于奢侈的愿望。

中国经济增长和就业压力是一对很难在短时间内解决的矛盾,而产业升级本身意味着从劳动密集型转向资金和技术密集型生产,这将造成经济增长的就业系数降低。在经济平稳增长时期,广东的"腾笼换鸟"对中国其他相对较不发达地区,尤其是主要的农民工输出地区,造成的冲击不会像危机时期那么大,中央和地方政府对"腾"与"换"过程中造成的不稳定因素的承受能力相对较强。

但现在实施"腾笼换鸟",实际上加大了经济危机对中国的冲击,增大了摆脱危机的成本。

事实上,曾表示要坚决执行"腾笼换鸟"政策的广东高层,口风已有"松动"。汪洋2009年2月表示,"腾笼换鸟"只表明了政策导向,并非政策内容,并未强制实施。

本章参考文献

[1]金融危机改变珠三角中小企业"版图"[N]. 广州日报,2008-11.

[2]第一时评:中小企业如何应对金融危机[OL]. 搜狐,2009-3.

[3]陈晓舒,李映民. 珠三角"逐客令":腾笼换鸟实现产业升级跨越[N]. 中国新闻周刊,2008-7.

[4]李毅中谈"腾笼换鸟":当务之急是救活企业[OL]. 中国新闻网,2009-3.

[5]"腾笼换鸟":危机年代的奢侈[OL]. 星岛环球网,2009-3.

[6]沈威风. 金融危机将巩固中国制造地位[N]. 经济观察报,

2009－2.

[7]Terence Poon. 中国制造业萎缩程度减缓[N]. 华尔街日报, 2009－3.

[8]姚志德."保就业"比"保 GDP"更重要[N]. 羊城晚报,2008－12.

[9]茅于轼:抓好就业金融危机不算什么[N]. 南方都市报,2008－12.

[10]季天琴. 茅于轼:谈 2009 年中国经济[N]. 新民周刊,2009－1.

[11]此次金融危机给我国经济结构、产业结构等调整带来机遇[OL]. 中央政府门户网站.2008－10.

[12]经济半小时:腾笼换鸟广东产业迁徙真相调查. 经济半小时, 2008－8.

[13]制造业受冲击最大 服务业需求逆势上扬[N]. 每日商报, 2009－2.

[14]政协委员献计献策应对金融危机:大力发展服务业[N]. 厦门商报,2009－2.

[15]郑雄伟. 金融危机不改服务业产业转移总趋势[OL]. 凤凰网财经,2009－2.

[16]中国现代服务业联盟成立 探索走出金融危机之路[OL]. 搜狐IT,2008－12.

[17]高虎城:在复杂国际经济形势下驾驭外贸航船破浪前行[OL]. 新华网,2008－10.

[18]金融危机促中国制造业升级[N]. 深圳商报,2008－10.

[19]高路,孙丽萍. 吴敬琏呼吁政府采取金融措施保护中小企业[N]. 中国证券报.2008－7.

[20]何军. 百度发布《中国中小企业生存现状调查报告》[N]. 证券日报,2009－3.

[21]晋江鞋企何以交出如此"靓丽答卷". 福建日报,2009－04.

[22]刘文. 专注设计开发和品牌推广晋江鞋企做最擅长的事儿. 消费者日报,2009－04.

[23]胡山. 安踏:可持续速度. 中外管理,2009－04.

[24]胡苏,康森. 中国品牌之路的困惑:尴尬的"2 年名牌". 新华网, 2007－05.

第 11 章

如何走出金融危机

2008 年，随着金融危机从局部发展到全球，从发达国家传导到新兴市场经济体和发展中国家，从金融领域扩散到实体经济领域，全球经济增长明显放缓，国际金融市场动荡加剧，国际经济环境中不确定不稳定因素增多。美国、欧元区、日本均已陷入衰退，新兴市场经济增速明显放缓。

摆在西方面前的是一个巨大的泡沫黑洞，而在中国面前的则是被经济高速增长不断掩盖了的结构问题，二者在此之前构成了巧妙而脆弱的平衡，而现在，前者沟壑难填，后者积重难返，这注定了复苏之路不会平坦。

谁将带领世界走出衰退?

发端于美国的金融风暴对世界各经济体的影响仍未见底。据2009年1月份公布的官方数据,美国、中国、英国和加拿大的进出口均出现不同程度的下降,全球贸易流动持续减缓。

标准普尔首席经济学家大卫·维斯在接受《21世纪经济报道》采访时表示:

美国率先陷入衰退,也将率先走出衰退,因为美国政府在应对经济调整方面的态度最为积极。2008年第四季度和2009年第一季度可能将是经济最为糟糕的阶段,美国经济可能将在2009年中期触底。

高盛亚洲(除日本外)首席经济学家迈克·布坎南在接受《中国证券报》采访时说道:

我们最近也下调了2009年中国和亚洲(除日本外)总体经济预期。下调预期主要是基于这些区域近期急剧下滑的经济表现。因此我们将2009年中国经济增长从7.5%下调至6%,并且人民币对美元在未来12个月内将继续走弱。亚洲(除日本外)总体经济预期将从5.6%下调至4.4%。

不过我们认为中国经济将在未来复苏,2010年中国经济将恢复9%的增长,亚洲区经济增长将达到6.8%。

2009年,亚洲的政策制定者仍有不少空间以恢复经济增长。中国和亚洲区域内经济能否恢复,将更多依赖于政策制定者能否及时出台有效及时的货币政策和财政刺激政策。如果没有这些政策,经济将仍在一个较为疲软的轨道内运行。

调查显示,美国当前面临的或许是大萧条时期以来时间最长、程度最深的一场经济衰退。

摩根大通的卡斯曼表示：

对美国家庭而言，他们将经历二战结束以来最艰难的时期。最为严重的衰退往往都是因企业对一系列事件反应不及时而触发的，而这次企业利润不太可能遭到像此前衰退那样严重的打击。本次衰退事先有预兆，因此衰退的强度会在一个较长的时期内逐步缓和下来。

世界银行副行长兼首席经济学家林毅夫认为，走出衰退须依赖新兴经济体：

发展中国家投资热带来的需求在很大程度上推动了过去10年全球经济的快速扩张，一些工业化国家能否避免通缩和萧条，将取决于能否保持这个增长势头。尽管迅速采取行动应对危机，但仍面临的一个巨大风险是，如果信贷危机不能得到有效解决，全球经济就有可能进入类似日本在上个世纪90年代经历的通货紧缩。在这样的背景下，标准的货币政策对于发达国家很可能不会产生效果。各国采取的各种财政刺激计划，原则上都是摆脱衰退的必要措施，但一些发达国家基础设施建设的空间有限。因此可以说，发达国家要走出衰退必须依赖新兴经济体，它们可以通过投资发展中国家的基础设施，拉动需求来间接地走出萧条。

……中国经济在过去30年来的杰出表现不仅大幅削减了贫困，也体现了务实的经济发展方式的效率，即基于比较优势和结合市场经济与目标明确的政府干预的战略运用。对于摆脱当前全球的危机，世界对中国寄予极高的期盼。前行的路不太好走，即便是在全球危机爆发之前，中国也有不断增多的迹象表明经济趋缓。不过，全球银行业危机并没有对中国产生太多的直接影响，强大的外汇储备、占GDP 1%的财政盈余、超过GDP 10%的经常账户出超，使中国有能力适时采取积极的财政政策，加强基础设施、环境、社保、教育、医疗等建设，启动内需，提升出口档次。在金融危机导致全球经济动荡之中，中国维持高速增长，就是对全球经济做出的最大贡献。

摩根斯坦利亚洲主席罗奇表示，内地经济目前仍倚重出口，在各发达国家经济衰退下，要达到“保八”目标具有难度。但凭借强劲储备，加上政府采取灵活的财政措施，相信中国会较美国先走出经济衰退的困境。

2009年2月17日，美国国会直属的政策研究机构中国经济与安全审查委员会举行听证会，听证会的主题是讨论中国在这轮全球衰退的缘起和应对中的作用。

听证会的主持人韦塞尔强调中国在应对危机上扮演着重要的角色：

我们两国经济是如此的唇齿相依，在经济困难的时候表现更明显。

对此，彼德逊研究中心高级研究员尼古拉斯·拉迪指出：

中国在未来消费的增长必将比出口的比重更大，中国在朝着内向型经济转变，未来几年随着出口疲软，国内消费将成为经济的主要增长动力。中国将成为最快走出经济衰退的国家，预计未来两三年内会走出衰退。

戴尔 CEO 迈克尔·戴尔对包括《华夏时报》在内的诸多媒体表示："新兴国家相对而言一般要增长得快一些，我认为中国能够更快摆脱这场危机，而在危机之后会比之前更加强劲。"

2009 年 3 月，英国首相布朗在巴西圣保罗发表演讲时表示：

发达国家主导世界经济的时代已经结束，新兴市场国家应在全球经济决策中发挥更大的影响力。

由少数人决定世界经济的时代已经过去了，下一任世界银行行长不应再是美国人，国际货币基金组织总干事也不应再是欧洲人，这些机构应更多地代表发展中国家利益。

投资大师索罗斯在接受《财经》杂志采访时说道：

中国的情况最好，而且比美国更容易走出危机。预计今年（2009 年）年底，中国经济就会复苏了。中国政府提出了一个相当有影响力的刺激计划，如果还不够，我想他们还会提高金额。因为他们有这么做的能力，而且也明白大家有什么期待。你不能指望出口增长，因为外需不再，只能刺激内需，特别是通过基础设施建设来刺激内需，这也会对国内消费需求起作用。

另一方面，中国若能与其他国家合作，为其他国家也提供信贷，那么其他国家也能用来刺激自己的内需，从而为中国的出口重新打开市场。要走出这场危机，中国比美国和欧洲的处境都要好。

拯救世界的"骑士"

走到 2008 年，一场金融风暴就横扫世界，当全世界经济都陷入停滞甚至负增长的时候,2009年,中国政府依然提出,要确保8%的增速。这让世界惊叹。中国庞大得让人不能小视:中国拥有近2万亿美元外汇储备。中国有着大量的现金和相对稳定的银行(现在全球各地这两样东西都很稀缺),有望从此次危机中脱颖而出,成为一个更加强大的经济大国。

为了摆脱金融海啸,越来越多的国家除制定救市措施外,也把目光投向拥有近2万亿美元外汇储备的中国。他们认为,历经多年高速增长中国应该体现出大国风度,承担更多责任。更有甚者认为,中国应该"领导"金融危机的救援工作。

2009年4月,在二十国集团(G20)峰会召开之前,铺天盖地的媒体报道纷纷把焦点对准中国——全球第三大经济体,同时也是世界主要经济体中唯一保持正增长的国家。在媒体的描述中,坐拥2万亿美元外汇储备的中国将成为拯救世界的"骑士"。然而,这位备受期待的骑士是否真的有能力拯救世界呢?

我国领导面对外界的呼声,显得非常冷静。国家主席胡锦涛在亚欧首脑会议上说道:

中国是一个拥有13亿人口的发展中国家,中国经济同世界经济的联系日益紧密,中国经济保持良好发展势头本身就是对全球金融市场稳定和世界经济发展的重要贡献。为此,我们首先要把国内的事情办好。

中国讲要把自己的事情做好,并不是要关起门来,单打独干。2009年3月,我国财政部长谢旭人说道:

当前国际金融危机已对全球金融体系和经济发展产生严重影响,国际社会应通力合作,共同应对金融危机。作为负责任的发展中大国,中国不仅及时采取一系列政策措施,促进本国经济平稳增长,为国际经济复苏作贡献,而且与国际社会一道积极参与危机救援计划,并在力所能及范围内提供支持。

一是支持增加国际金融机构资源,以加强其帮助新兴市场和发展中国家应对金融危机的能力。中国支持国际货币基金组织、亚洲开发银行等国际金融机构实现增资,同意世界银行、泛美开发银行和非洲开发银行对其资本充足性进行审议。同时,我们强调国际金融机构增资要体现权利与义务平衡的原则,要与治理结构改革、加强能力建设等相结合,要保证新增资源在帮助发展中国家应对危机方面发挥更有效的作用。

二是参与世界银行国际金融公司(IFC)贸易融资计划,为发展中国家开展国际贸易提供融资、担保等方面支持。中国进出口银行还与有关国家银行签订贸易融资协议。

三是积极推动东亚区域财金合作。中国积极参与清迈倡议下各国双边货币互换计划,已签署了6份双边货币互换协议,总规模为235亿美元。同时,中国与“10+3”各国一道积极推动清迈倡议的多边化,支持建立区域外汇储备库,并同意将其规模由800亿美元扩大到1200亿美元。此外,自2008年12月至今,中国还与韩国、马来西亚、白俄罗斯、印尼等国家签署了双边货币互换协议,协议互换规模总计达到5800亿元人民币。

中国人民银行发布的2008年第四季度报告中指出:“从面临的风险和挑战看,影响国内经济运行的不确定性因素较多。在全球金融危机等多重因素冲击下,未来一段时期世界经济仍可能趋于下行,复苏尚需时日,我国经济仍将面临严峻的外部环境。国内房地产等重要领域依然面临回调压力,将连带影响诸多行业。就业受到一定冲击以及资本市场下挫引发的负财富效应等对消费增长也会产生不利影响。在需求减弱背景下,企业效益及财政收入会受到影响。”2009年1月,国务院总理温家宝在世界经济论坛年会上发表特别致辞时坦率地说:

这场危机对中国经济也造成较大冲击,我们正面临严峻挑战。主要是:外部需求明显收缩,部分行业产能过剩,企业生产经营困难,城镇失业人员增多,经济增长下行的压力明显加大。

温家宝总理在会见采访“两会”的中外记者时表示,中国政府随时可以提出新的刺激经济政策。政府刺激经济的方案,不仅仅意味着更大的政府直接投资,最重要的是政府投入的最大效应是激活经济,产生良性循环,避免中国经济出现亚洲金融危机时W型经济增长形势,促进经济较快走出危机并能持续V型增长。

世界银行副行长、首席经济学家林毅夫表示:

那么处于当前世界的这种危机当中,整个世界经济都处于衰退的状况之下,世行最希望的就是中国维持相对高速的发展。

中国银行集团执行副总裁朱民在2009年达沃斯论坛上强调,现在还无法指望中国消费者扮演多么重要的角色，中国人要填满美国人留下的消费缺口，还需要许多年的时间。目前，中国消费者的消费额度大约是 1.5 万亿美元，而美国人却是 10 万亿美元。朱民估算，即便中国的消费额度以年均 21% 的速度增长，也不足以弥补“美国消费三年内大幅下滑造成的缺口”。

美林证券驻香港经济学家 T. J. Bond 表示：

对于中国、日本等主要新兴市场使用巨额外汇参与救市的期望太高了，显得不切实际。我们的确认为亚洲中央银行，尤其是中国希望帮助解决全球的危机，因为主要的区域贸易伙伴，比如韩国，加上原料的来源国，比如印尼也已经被卷入了金融危机。

总部位于波士顿的 Galt Investments 联席主管里克说道：“往好了说，中国是一个有着良好财政状况的冉冉升起的超级经济体，虽然在未来几年中会经历一段时期的增长放缓，但并无大碍；往坏了说，中国是一个过度建设、过度投资的经济体，过多地依赖于对西方世界的出口。”

摩根斯坦利亚亚太区主席史蒂芬·罗奇：

如果中国能够成功做出这样的调整，中国则会起到更多的领导作用，但只要中国还依赖外部需求，靠出口拉动其经济增长，那么谈中国的领导作用则为时过早。

面对金融危机，中国不可能独善其身。中国人民银行 2008 年第四季度的企业家问卷调查显示，17.9% 的企业家预计 2009 年第一季度国内订单继续下降，19.0% 的企业家预计出口订单将下降，分别比前一季度增加 10.2 个和 10.7 个百分点；企业赢利预期指数为 -2.0%，比上季下降 14.5 个百分点。出口下滑已经导致工厂关闭，2000 多万民工失业（失业民工越来越难以控制），导致中国经济出现供过于求和潜在通货紧缩的担忧迹象。

著名经济学家吴敬琏在其文章《金融危机中国不可能独善其身》中写道：

面对这场金融危机，国内一些人幸灾乐祸。在他们看来，“美国的经济出了大问题是一个好事，中国终于可以在‘西方的崩溃’中崛起了。”这是非常浅薄的见识。在中国经济已经深深融入全球化的背景下，中国可能独善其身吗？

这场金融危机必然会给中国造成很大的冲击。其实在他们还没有发生危机时，我们已经出问题了。现在我国沿海地区的一些经济重镇，中小企业生存相当困难，宏观经济也存在很多问题。

摩根大通大中华区首席经济学家龚方雄说道，目前中国需要担心经济继续下滑，同时通缩的压力也比较大，(2009年)二季度物价指数可能出现负值。

各国携手，应对危机

由于全球金融危机不可避免地要传导至实体经济领域，拖累甚至阻滞全球经济增长。美国经济在2009年陷入衰退几乎已成定局。欧元区经济、日本经济等发达经济体和部分新兴市场经济体在2009年的增长前景也不容乐观。而危机对实体经济的严重影响，很有可能带来全球范围贸易保护主义的抬头，形成经济复苏的新障碍。

美国国会参众两院当地时间2009年2月13日最终通过总额为7870亿美元的经济刺激计划。然而，这项计划还是保留了虽有所软化但仍带有明显贸易保护主义色彩的"购买美国货"条款。历史经验和经济学常识表明，面对金融危机，贸易保护主义绝不是出路，而恰恰有可能成为一剂加剧世界经济困境的"毒药"。

国际金融研究所负责人CharlesDallara建议：

G7需要马上扩充为G11，邀请中国、印度、巴西和俄罗斯加入。G7已经不属于这个时代。G7的会晤没有中国或印度的参加，这说明他们生活在过去，而不是现在，我们需要让中国坐到谈判桌前；中国是缓和全球经济不平衡的重要力量。他们近期已经加快汇率升值以及货币政策。他们可以有更多贡献。

1929年至1933年期间的"大萧条"随后引发世界政局大变动和世界思潮的转向。在经济危机的大背景之下，贸易摩擦逐步转化成军事对抗，最终导致第二次世界大战爆发。

谈到贸易保护主义，自然令人联想起恶名昭著的《斯穆特—霍利关税法案》。1930年美国将2万多种进口产品的关税大幅提高，招致很多国家的报复措施，从而引发全球范围严重的贸易战，不仅使国际贸易几近停滞，而且拉长了美国经济复苏的周期。到 1932 年，世界贸易比 1929 年下降了 25%，世界工业生产降幅达 30%。每个国家都试图将自己与外部危机隔绝开来，结果反而加剧了危机在全球范围内的蔓延。

著名保守派思想库美国传统基金会贸易问题专家马克黑姆指出：

这一条款(《斯穆特—霍利关税法案》)不仅无助于增加美国国内就业，反而会使更多的美国企业因原料成本增加和其他国家的报复措施而破产，从而导致更为严重的失业问题，到头来是“搬起石头砸自己的脚”。

日本财务大臣中川昭一表示，以邻为壑的保护主义政策是“完全错误的”，日本对此坚决反对。英国财政大臣达林对媒体说，当下与保护主义作斗争显得尤为必要。在 20 世纪 30 年代大萧条时期，保护主义引发贸易战，加剧了各国经济困境。德国财长施泰因布吕克表示，要尽一切努力避免历史重演。

贸易保护在金融风暴中以燎原之势蔓延全球。各国的贸易战正在演变成一场混战。美国联合墨西哥向世贸组织控告中国进行不公平贸易。与此同时，墨西哥扬言要禁止从美国进口某些肉制品，以报复美国要求进口的肉类贴上国别标签。

2009 年 3 月，英国贸易与投资大臣默文·戴维斯表示：

贸易保护主义绝不是解决全球金融危机的良方，而真正的良方在于大力发展贸易和各国携起手来共同应对危机。

在这次金融危机和全球经济衰退中，每个国家都受到冲击，所以，现在是大家携手合作的时候，而不是采取贸易保护主义的时候。因此，这次二十国集团金融峰会有着特别重大的意义。

世界银行行长罗伯特·B. 佐利克说：

各国领导人绝不要理睬保护主义措施的甜言蜜语，无论是关于贸易、经济刺激方案还是救助。经济孤立主义可能导致我们在 20 世纪 30 年代曾经目睹的一连串事件，使形势雪上加霜。

国际金融危机爆发以来，贸易保护主义在一些国家正有所抬头。世界银行发表的一份报告指出，就全球而言，金融危机爆发后推出的保护主义措施多达78项,其中47项已付诸实施。国际贸易中壁垒不断增多,全球面临着自20世纪30年代以来最危险的贸易保护主义倾向。

2009年2月,博斯公司大中华区总裁谢祖墀在接受《经济观察报》采访时说道:

在这次的全球经济危机中,我们听到了美国市场上出现不少贸易保护主义的呼声。然而反观历史,大多经济学者都同意,美国20世纪30年代的大萧条正是由于类似的保护主义而阻碍了复苏的步伐。中美长久以来有着紧密的经贸关系,美国政府的救市政策在短期内可能对某些中国制造企业的出口有一定影响,比如钢铁出口,但我相信这将不会影响中美长期的自由贸易方针与关系。

我是反对保护主义的,它对全球经济发展有负面的作用。倘若美国采取保护主义,对中国出口应该有一定的影响。不过现在世界已经步入多极化发展,中国的贸易伙伴亦朝多极方向发展,我们必须要从宏观的现实看待此事。

传统的贸易保护主义,大多体现在通过大幅提高进口关税以及对进口的数量性控制,来保护本国企业不受或少受进口产品的竞争压力。然而,这一类的保护措施不仅其有效性值得怀疑,而且可能带来相当大的代价,特别是在今天全球经济一体化的新形势下。如今的贸易保护主义的形势变了,在经济危机的背景下,一些国家和地方相继出台了促进本地经济发展的政策措施,然而一些"救市"措施的背后,新贸易保护主义抬头。比如美国奥巴马政府的"购买国货"救市条款,欧盟2008年以来不间断的对于中国企业征收高额反倾销税,德国政府只针对美国企业优先放贷等等。

2009年2月17日下午,美国布鲁金斯学会资深研究员胡永泰教授受邀在主题为"中国在全球衰退的发生和回应中的作用"的美国国会听证会上作证时说道:

现在稳定全球经济还有一个机会,那就是4月2日在伦敦举行的G20会议。财政刺激政策的问题在于,任何一个国家都无法单独刺激经济——如果一个国家经济发展而其他国家停滞不前,只是不断地进口而无法出口商品,则意味着该国进口和贸易赤字飙升,这无法持续,经济衰退也将持续。财政刺激方案只有在全球性合作的框架下进行才有效,人们都在讨论与法国、德国及日本合作的可能性，而我认为应该与中国合作。美中两国只有相互信任，展开合作，才能带领世界经济走出衰退。

从2009年2月初开始，包括美国国会山模型、美国宪法复制品在内的纪念品，被禁止在美国国会山游客中心售卖。原因很简单，因为这些纪念品全部是“中国制造”。国会管理委员会负责人警告国会山游客中心，不可买卖任何美国以外国家制造的商品。

美国一些保守派媒体和政客宣称，在金融危机中首先下岗的应是“在美工作的外国人”（H1B签证持有者），全然不顾这些外籍员工同样是纳税人，同样为美国缴纳了大量“救市所需税款”这一事实。

在亚洲，印度《经济时报》2009年1月26日报道说，印度政府此前施行的对中国进口玩具为期六个月的禁令，有可能延长为永久性禁令。

北京大学社会学系资深教授夏学銮在接受中央人民广播电台经济之声《经济观点》节目采访时表示：

美国通过了一个救市条款，包含只买美国货的条款。包括欧洲和亚洲一些国家提出，只买本国货。裁员先裁外国人。已经引起连锁反应了，不确定性进一步加大了。

很多救市措施和贸易保护是没有关系的。当这些国家扩大需求的时候，他们就想死死地把需求留在国内，不愿意平等地对待外国供应商。对他们进行歧视，这种歧视就违反了WTO的规则。

美国布鲁金斯学会资深研究员胡永泰在接受《上海证券报》采访时表示：

面对当前的全球经济困境，很重要的一点就是要抵制保护主义。如果有人认为这次的泡沫中国有责任，进而采取保护主义措施限制中国的出口，那么这样只会使得危机进一步恶化。有人认为现在全球最大的问题是中国的贸易失衡，但如果你赞成这样的观点，那你也应该意识到，美国巨大的贸易赤字同样是最大的问题。

2009年2月17日下午，胡永泰教授在主题为“中国在全球衰退的发生和回应中的作用”的美国国会听证会上作证发言中，表示不同意将金融危机归咎为中国商品在美倾销，也不认为迫使人民币升值有助于改善美国贸易不平衡。胡永泰在发言中说道：

有人说我们不仅需要7870亿美元的经济刺激计划，需要继续向金融机构注资和拯救房市，还需要向中国商品征收27.5%的进口关税，以及迫使人民币升值40%。在我看来，这无异于与中国爆发贸易战，而贸易战是毫无必要的，它对全球经济复苏没有任何帮助。是时候检讨汇率政策了。历史上，美国促使日元对美元升值50%，但这对减少贸易赤字没有帮助。确实，从表面看来自日本的进口减少，但事实上，有大量的进口转而来自其他国家——日元对亚洲其他货币也相对升值，日本在亚洲其他国家投资，然后美国从这些国家进口。因此，如果我们迫使中国将人民币升值40%，虽然我们对中国的贸易赤字会下降，但整体的贸易赤字水平不会改善，结构性赤字也不会减少——美国的结构性赤字主要是由战争支出膨胀造成的。我认为，现在最重要的不是迫使人民币升值，而是如何防止全球贸易体系如金融体系一样崩溃。

WTO关于推进多边自由贸易的多哈回合谈判停滞不前。从美国来讲，其捍卫多边自由贸易体系的决心是不足的。中国则是被动推动者，尽管其从自由贸易体系中获利巨大。中国已是主要的利益相关者，美国应与之合作，共同防止多边自由贸易体系解体。

英国前首相托尼·布莱尔在接受中央电视台记者采访时说道：

现在的困难在于西方世界的经济衰退进一步恶化了，每天都有人失去工作，所以保护主义抬头的可能性增加了，人们把矛头指向中国或其他国家，而不是从自身寻找问题，因此保护主义情绪高涨，人们希望搭建壁垒保护本国市场，我认为这是错误的，各国之间应该更加开放，支持贸易，但是要让人民这样做比较困难，这就导致保护主义有抬头倾向。

2009年在采访亚洲协会年会期间，就中美关系的现状和前景，美国前驻华大使芮效俭在接受媒体采访时说道：

今天两国面临的共同敌人不是霸权主义，而是金融危机导致的世界性经济衰退。它有可能推动美中关系朝着进行战略合作的方向发展。未来的美中关系更多的是伙伴关系和合作关系。

金融危机和经济衰退当然是坏事，但是，如果美中两大经济体采取积极合作的方针和政策，尽可能缩短这场金融危机和经济衰退持续的时间，促使美中两国经济恢复增长，并帮助世界其他经济体摆脱危机和衰退，那么，美中关系也将因此而提升到一个新的水平。

本章参考文献

[1]钱杰．工行董事长姜建清:收购重点仍是新兴市场和亚洲[N]．中国证券报,2009－03.

[2]厉诗．普华永道:中国并购市场今年下半年将迎来高峰[N]．国际融资,2009－02.

[3]三季度中国并购数量劲升[N]．京华时报,2008－10.

[4]杨洪林.20年前日本要购买美国　美国媒体称其经济珍珠港[N].环球时报.2005－11.

[5]孟庆海,鄢闻余,熊曼琳,周羿翔,庄严．危机中中国可以创造世界．经济半小时,2009－03.

[6]李强．财经观察:中国迈入强势人民币与对外投资时代[OL]．解放网,2009－03.

[7]肖明．中国可成为全球经济生力军[N].21世纪经济报道,2009－02.

[8]Kopin Tan. 中国为什么不能拯救世界[N]．巴伦周刊,2009－03.

[9]美林:中国难成救市主[N]．每日经济新闻,2008－10.

[10]中国不是"救市主"[N]．欧洲时报,2008－11

[11]将中国市场看作全球布局中的重中之重．经济半小时．

[12]经济合作与发展组织公布半年度经济展望报告:发达国家明年将陷严重衰退[N]．国际金融报,2008－11.

[13]陈德铭:世界经济短期内或探底,不会马上复苏[OL]．中国新闻网,2009－03.

[14]耿照俊．PMI连升三月,厉以宁称中国经济一季度见底[OL]．网易财经,2009－03.

[15]Brian Blackstone. Fed黄皮书:美国经济不会很快复苏[N]．华尔街日报,2009－03.

[16]罗小卫．戴尔CEO来华详解收购思路:未来谨慎收购[N]．华夏时报,2009－03.

[17]美今年或走出衰退[N]．广州日报,2009－02.

[18]胡永泰. 美中携手,带领世界走出衰退[N]. 南方周末,2009－02.

[19]林毅夫. 世界经济走出衰退须依赖新兴经济体[N]. 人民日报,2008－12.

[20]罗奇. 相信中国先于美国走出衰退[N]. 信报财经新闻,2009－01.

[21]标准普尔. 美国率先陷入衰退 也将率先走出衰退[N]. 21世纪经济报道,2009－02.

[22]卢铮. 中国将带领世界走出衰退[N]. 中国证券报,2008－12.

[23]美国经济衰退加剧 前景愈加黯淡[OL]. 环球外汇网,2008－12.

[24]熊敏. 美国会辩论:中国将成为最快走出经济衰退的国家[N]. 21世纪经济报道,2009－02.

[25]栾慧. 美国农业真相:控制了粮食就控制了人类[J]. 大生,2008－08.

[26]古力. 美曾制定秘密计划欲通过粮食控制欠发达国家人口[OL]. 中国新闻网,2008－03.

[27]王思远. 新贸易保护主义抬头 应提早为新形势进行政策布局[OL]. 中国广播网,2009－02.

[28]许晓青. 两会观察:中部崛起应如何"腾笼换鸟"[OL]. 中新社. 2006－03.

[29]谢鹏. 商人之死与中国制造之殇[J]. 商务周刊,2008－01.

[30]"玩具老板"张树鸿之死[N]. 第一财经日报,2007－12.

[31]余申芳. 美大肆购买国债"饮鸩止渴"祸及全球[OL]. 新华网,2009－03.

[32]海澜. 美国救市总成本达9.7万亿美元,创历史纪录[OL]. 国际在线. 2009－02.

[33]左小蕾. 中国经济如何实现V型增长[N]. 金融时报,2009－03.

第 12 章

历史上的经济危机

纵观历史上金融市场的涨跌起伏，每次周期可以粗略地分成六个阶段。

在第一阶段，往往先是有一些重要的大事件发生，比如过去十年的“新经济”、中国和印度的崛起等。在第二阶段，一些人抓住这一波机会，迅速发财致富。在第三阶段，这些新富们发现，如果他们敢于多承担一点风险，利用借贷的金融杠杆，就能够变得更加富裕。在第四阶段，这些新富们已经演化成了投机者，他们过度利用融资杠杆，过度扩张。在第五阶段，人们沉浸在贪婪的梦想之中，以为繁荣会永久持续下去。一些无经验的投资者也冲入市场，那些先行者却开始套现获利，整个市场价格开始显现疲态。在第六阶段，先是一些过度融资者破产倒闭，随即市场开始笼罩在恐慌的氛围中，每个人都试图抛售；市场价格开始跳水，投资者损失惨重，越来越多的企业陷入困境。然后，新一轮的周期开始启动。

——前香港证监会主席沈联涛

20 世纪 30 年代:经济大萧条

一战后美国由债务国一跃成为世界最大的债权国,纽约也取代伦敦成为世界金融中心。美国经济的突飞猛进,带来的是股市一派牛气,对于股民来说,一个黄金时代来到了。

从技术上看,美国一战以后的繁荣似乎有着很坚实的基础。汽车、化学、电气是其技术革命的主导力量。但是,一战后美国的繁荣不仅是建立在新兴工业的蓬勃发展上,也是建立在信贷增长上。从 1924 年到 1929 年,美国分期付款销售额从 20 亿美元增为 35 亿美元。1926 年,70% 的汽车销售是通过赊销实现的。

美国整个宏观经济形成生产—消费相互强化的循环机制,同时也形成了过热状态,过度扩张虚拟经济,过于乐观看待股市,无意识当中进入一种疯狂状态,对经济发展存在的一系列问题和潜在危机因素已经浑然不觉。

知名经济学家向松祚在接受《南方都市报》采访时说道:

1929 年华尔街的股市疯狂和最后的崩盘。华尔街股市的疯狂大约是从 1926 年 6 月开始,到 1929 年 10 月,40 个月的时间内华尔街的股市从 110 点涨到了 380 点,涨了两倍多。以时间区间计算的这个涨幅,到目前为止,在美国股市历史上依然是空前绝后的。这个疯狂是怎么开始的? 学者们提出了很多解释,比如说 20 世纪 20 年代美国的实体经济发展好,GDP 增长快,通胀率很低,公司利润和收入增长都很快,当时美国企业界出现大规模公司的兼并整合,出现了许多著名的大公司,譬如斯隆管理的通用汽车。这些原因可能都是股市疯涨的原因,但不是根本原因。美国 1926—1929 年股市疯涨的根本原因是当时的美联储刻意降低和维持低利率,尤其是当时占主导地位的纽约联储刻意长期维持降低利率。历史往往惊人的相似,目前金融危机的直接原因就是 2002—2003 年格林斯潘的美联储长期维持低利率(维持 1% 长达 14 个月)。

2009年2月8日，北京大学光华管理学院院长张维迎在亚布力中国企业家论坛上演讲时说道：

1929—1933年那场世界性的经济大萧条，有人预测到了吗？有，有两个人，而且只有两个人，尽管他们没有指出准确时间。这两个人一个叫米塞斯，另一个人叫哈耶克，他们都是奥地利经济学派的领军人物，哈耶克曾获得过1974年的诺贝尔经济学奖。他们之所以能预测到1929年的经济危机，是因为有一整套更为科学的商业周期理论。

根据他们的理论，(19世纪)20年代美联储实行持续的扩展性货币政策，利率定得非常低，信贷规模膨胀，最后的结果必然导致大危机、大萧条。为什么会这样？因为利率过低会扭曲资源配置信号，企业家就开始投资一些原本不该投资的项目，特别是一些重工业、房地产等资金密集型产业，它们对利率的反应非常敏感。流动性过剩导致的股票市场泡沫会进一步助长固定资产投资热潮，导致投资过度扩张。越来越大的投资需求导致原材料价格和工资的相应上涨，投资成本上升，最后证明原来的投资是无利可图的。当政府没有办法如之前那样继续实行扩张性政策时，股票和地产泡沫破灭，原来的资金沉淀在不可变现的固定资产(如厂房和地产)中，资金突然不足，投资项目纷纷下马，大萧条由此发生。在米塞斯和哈耶克他们看来，任何一个经济中，人为造成的繁荣一定会伴随一个大衰退。大繁荣和大衰退是一枚硬币的两面。他们的理论也告诉我们，判断经济是否过热，不能只看价格水平是否上涨，而主要应该看利率水平和信贷扩张，因为从信贷扩张到价格水平的上涨有一个时差，当等到通货膨胀发生时，萧条就到来了！

1929年8月9日，美联储根据宏观经济过热情况，将利息提高到6%，将证券交易商的利率由5%提高到20%，使当时投机商们顷刻间陷入了资金短缺状态，只好逃出股市。由于此举也引领其他投资机构跟随，股市流动性顿时陷入紧缺状态，失去了支撑。而前期出逃的示范效果，使股民对股市升值预期也发生180度转变，出现股市抛售风潮。

1929年10月29日，这个被随后的历史所铭记的“黑色星期二”，开启了美国乃至世界历史上最著名的金融危机。从那天开始，美国股市在历经了10年的大牛市后，几天内从顶巅跌入深渊。股指从363最高点跌至1932年7月的40.56点，最大跌幅超过90%。

大萧条时期，美国全国近86000多家企业破产，5500多家银行倒闭，整个工业生产陷入停顿,金融系统也全部瘫痪。

在《1929年大崩盘》一书中,著名的制度经济学创始人加尔布雷思教授生动地描述了那一场金融风暴,给不少人对股市泡沫的判断留下了一个传统智慧:“不在泡沫中疯狂,就在泡沫中死亡。”

纽约股市暴跌后,美国经济陷入危机。美国大量抽回对德国的投资,德国经济跟着全面崩溃。这样,一场席卷全球的大萧条拉开了序幕:5000万人失业,无数人流离失所,上千亿美元财富付诸东流,生产停滞,百业凋零。

张维迎在一次演讲时谈到了2008年金融危机与1929年经济大萧条的相同之处:

让我们回顾一下80年前发生的那次大危机。这次危机发生的背景虽然与那次危机有所不同,特别是经济全球化和中国等新兴经济体的崛起,但也确实有许多相似的特征:危机之前,一方面,技术创新,生产率提升,经济高速增长,价格水平稳定甚至下降,似乎一切正常;另一方面,银行信贷持续扩展,流动性过剩,贷款利率低,固定资产投资强劲,股票市场和房地产市场泡沫严重,似乎难以持续。1990年代开始的日本经济的长期萧条和1990年代后期的东南亚金融危机之前都有类似的特征。

2008年,中国现代国际关系研究院经济安全研究中心研究员江涌在接受《广州日报》采访时说道:

近80年前的经济大萧条和现今的金融危机主要有四点不同:

一、两次危机的时空背景有很大差别,影响的广度和深度也不同。由于当时全球化、市场一体化和金融化程度远没有现在高,经济危机所波及的范围远没有现在深远。

二、上一次(20世纪30年代)的危机由于起源于传统性的生产性过剩,是由实体经济波及虚拟经济,而如今的危机由虚拟经济先出问题,后波及到实体经济。两次危机中,全球经济的产业结构有很大不同:前一次危机当中,银行数量不多,在虚拟经济界的影响也很有限。如今的金融业更纷繁复杂,影响力也更深刻和广泛。

三、在监管问题上,上一次(20世纪30年代)危机不像如今有很多帮助解决危机的理论和手段。比如后来的凯恩斯主义、“社会主义”即如今英国所倡导的国有化等。

四、在解决危机方面，虽两次危机中各国都出现“各扫门前雪”的现象，如今各国合作意识明显增强。上一次危机出现时由于主要各国没有统一的行动，国家之间出现了很大的贸易壁垒，非常不利于经济危机的解决。虽然本次危机中的最初阶段，各国也是各管自己的事，但后来许多合作也逐渐展开。

20世纪末：亚洲金融危机

20世纪80年代，新兴市场国家向海外投资者打开大门，吸引外资，20世纪90年代达到高潮。但在这些国家的金融系统中，占支配地位的是银行，而不是股票市场和债券市场。从金融体系的稳定性来看，银行具有内在风险性。从理论上说，无论何时何地，只要存款人同时提款，银行就一定会倒闭。

1997年7月2日，泰国宣布放弃固定汇率制，实行浮动汇率制，引发了一场遍及东南亚的金融风暴。1998年初，印度尼西亚金融风暴再起，面对有史以来最严重的经济衰退，国际货币基金组织为印度尼西亚开出的药方未能取得预期效果。1997年爆发的东南亚金融危机使得与之关系密切的日本经济陷入困境。

摩根斯坦利亚洲董事长史蒂芬·罗奇在2009年3月文章《美国救市的后患》中回忆道：

当时，亚洲金融危机被视为大萧条（Great Depression）以来最为严重的一场危机。由于其负面影响从亚洲蔓延至俄罗斯、巴西和一只美国大型对冲基金，这场风暴也被称作是首次当代全球化危机。时任美联储（Fed）主席的艾伦·格林斯潘（Alan Greenspan），对资本市场这一前所未有的失灵深感震惊。这听起来是否有些耳熟？

但与当前的“海啸”相比，那些在20世纪90年代末似乎颇为得体的夸大之词，最终描绘的不过是一场“暴风”而已。

这正是我要谈论的问题。在这个不平衡的世界敢于直面长期失衡问题之前，接二连三的危机对于稳定性的影响可能会越来越大。

尽管人们很难相信形势还会比眼前更糟，但我可以向你保证，1998年底的时候，人们明显有着同样的感觉。

如果说在此之前亚洲金融危机还是区域性的，那么，俄罗斯金融危机的爆发，则说明亚洲金融危机已经超出了区域性范围，具有了全球性的意义。到1998年底，俄罗斯经济仍没有摆脱困境。

亚洲金融危机产生原因

过分开放市场

知名经济学家向松祚在接受《南方都市报》采访时谈及了东南亚金融危机产生的原因，他说道：

首先亚洲的一些国家像韩国、泰国、马来西亚等受美国和国际基金组织的“劝告”开放资本账户，搞所谓的金融自由化。接下来就是大量的国际投机资金进来，这些国家的工业和制造业根本没有能力接受这么多的资金，这些资金最后都进入了房地产和股市。当时四国出现问题，毫无例外都是在两三年前出现房市和股市泡沫，最终资产价格泡沫崩溃，出口大量逆差，这些国家没有能力归还外债，然后就是货币贬值，印尼贬了80%，韩国、泰国都贬了60%。马来西亚贬的比较少，40%。他们的总理马哈蒂尔比较有魄力，马上实行金融管制。

2007年，国民经济研究所所长樊纲在接受《21世纪经济报道》采访时说道：

当时最兴奋的是西方经济学界，“亚洲终于出事了！”但后来国际经济学界认识到，不光是亚洲的问题，国际组织的行为也有问题。亚洲金融危机一个重要的原因，是这些国家在国内体制还没有发展成熟、经济发展水平还很低时，过早开放了资本市场和金融市场。这是上世纪八、九十年代世界上所有的国际组织、国际顾问们，所有的投资银行、金融机构的经济学家们，不顾各国的现实情况，不顾国内的体制弱点，在全世界各地“传经布道”所推行的。

经济危机出现了，他们指责这些亚洲国家是权贵资本主义、裙带资本主义，法制不健全，金融监管不健全。这么不健全，为什么过早开放？这是一个很大的教训。之后，他们不再鼓吹发展中国家越开放越好，而是循序渐进，首先要搞好国内的发展，体制要健全，然后逐步开放金融。

国际游资的侵入

国际游资是近年来形成的为数巨大的一股资金力量。据估计，总额已达1万亿美元以上，其特点是流动性强，善于投机；通过左右外汇、期货、证券等市场的行情获利。以索罗斯为代表的国际投机者是通过"高卖低买"的手段获取巨额利润的。以此次东南亚金融危机为例，他们在东南亚国家大量抛售当地货币，迫使当地货币贬值，然后再将贬值后的当地货币买回。

2008年度诺贝尔经济学奖获得者保罗·克鲁格曼在其作品中这样写道：

直至20世纪90年代早期，推动泰国经济增长的投资还主要来自泰国人自己的储蓄。巨大的出口工厂是外国人出钱修建的，但泰国商人用自己的储蓄开办了规模较小的企业，新的办公楼与公寓大厦的修建资金，来源于泰国国内家庭的银行存款。1991年泰国的外债略低于其年出口额，这个比率虽然不算小，但一点也没有超出正常的安全限度（同一年拉美国家的外债平均为出口额的2.7倍）。但在20世纪90年代，泰国依靠国内资金的程度开始降低了。这一变化主要是由外力推动的……20世纪90年代早期，发达国家出现了一轮温和的衰退，为了拉动经济走出衰退，各国央行设定了极低的利率，于是许多投资者去国外寻求更高的收益。也许最关键的因素是，投资基金给过去人们所说的"第三世界"和"发展中国家"取了个新名字——"新兴市场"，让人觉得这些国家是遍地金融良机的新边疆。

高盛（亚洲）有限责任公司董事总经理、大中华主席胡祖六在其文章《亚洲金融危机十年启示录》中写道：

亚洲金融危机在1997年突如其来，几乎出乎所有观察家意料，令投资者、政府和IMF这样的国际组织措手不及。韩国、泰国、印尼与马来西亚经济曾经历了几十年的高速成长"奇迹"，1970年以来GDP年均增长率印尼最低也达到了6.9%，而韩国则高达8.4%！东亚经济体各政府历来也有颇良好的宏观经济政策纪录，避免了过度的财政赤字，主权外债负担不重，也没有严重的通货膨胀。在外向型经济政策下这些国家出口成长在大部分年份表现较好，同时有能力吸引较多的国外私人资本流入。

这些经济基本面使得东亚一直是IMF和世界银行等加以推崇的成功范例。东亚与其他曾屡遭经济危机的新生市场国家有着非常大的差别。1980

年代的拉美危机，1991年的印度危机，1994年的墨西哥比索危机，都有一个重要的导因，就是政府财政严重失衡，依赖外债弥补，最终演变为国际收支危机，而东亚经济1997年前并没有呈现这样明显的征兆。所以亚洲危机是未曾预料的。

世界银行中国首席经济学家郝福满在接受《第一财经日报》采访时说道：

（东南亚）金融危机发生前，好几个国家存在巨额经常账政赤字，实际汇率也在缓慢升值，并且这些国家的宏观经济是在鼓励企业和金融机构举借海外债务的基础上发展起来的，这从上升的外债和外汇储备比例可以看出来。并且许多企业有很高的财务杠杆率，比如说，债务/股本比例很高。这就导致这些国家在汇率波动中极易受损。在1996年，泰铢早已存在压力，表明政府应当调整国内"吸收"以保持宏观经济平衡。实际情况正相反，泰国政府决定动用外汇储备对外汇市场进行干预，当外汇储备大量消耗之后，政府被迫（让泰铢）贬值。这导致投资者重新评估该地区的投资风险，并且大量从该地区撤回资本，结果就使得泰国国内需求骤降，引发经济衰退，并且导致大批银行破产，影响到整个金融行业的健康。

1998年8月初，乘美国股市动荡、日元汇率持续下跌之际，国际炒家对香港发动新一轮进攻。香港特区政府予以回击，经过近一个月的苦斗，使国际炒家损失惨重，无法再次实现把香港作为"超级提款机"的企图。

亚洲金融危机再次到来

2008年6月发生的越南危机使人们认为东南亚危机又要到来。事实上，越南此次动荡不能与1997年泰国的危机相提并论，越南盾因外资流出而出现大幅贬值的机会不大。而越南现在面临的问题主要是通胀急升。

2008年10月，泰国研究机构泰华农民研究中心发表的一份研究报告认为，此次源于美国次贷危机的世界金融危机对泰国经济的直接影响程度要比1997年泰国经济危机的影响程度小。报告认为："1997年泰国经济危机的根源在于泰国民营企业举债过多和经济泡沫化，且当时泰国的汇率制度缺乏弹性。当年的经济危机给泰国金融体系造成的损失高达泰国国内生产总值的30%，并使泰国经济在随后几年陷入衰退。此次（2008年）世界金融危机将造成泰国经济增长放缓,2008 年下半年的增长率将由上半年的 5.7% 降为 4.3%。预计 2009 年泰国经济增长率将介于 4.0% ~5.0%,并取决于世界资本市场流动性紧缩状况的缓解程度,以及国内政治局势是否有利于政府部门采取财政措施以维持经济增长等。”

中国金融公司首席经济学家哈继铭认为:

现时的亚洲区内形势,使人不觉联想到 1997 年在泰国首先爆发的亚洲金融风暴。特别是最近亚洲货币亦普遍下滑,而人民币升值速度亦有所放缓,这使一些央行在外汇市场进行干预,以抑制本币跌势。但我们认为,由这次越南货币危机而触发大规模金融危机的可能性仍较低。因为现时很多其他亚洲经济体基本面依然稳健,多数国家或地区坐拥丰厚的经常账户盈余与外汇储备,可减低资本外流的影响。而许多企业经历 1997 年金融危机后已大幅削减债务,银行体系也已变得更为强健。

香港特别行政区行政长官曾荫权在《2008—09 年度施政报告》中表示:“由美国次贷危机引发的此次金融海啸是全球金融危机,破坏力的深度与广度,远超过 1997 年的亚洲金融危机,复原期会较长和艰巨。受金融海啸冲击,香港的经济增长在第二季显著回落至 4.2%,相信在未来一段时间,经济将进一步放缓。”

史蒂芬·罗奇认为 2008 年的金融危机的种子,或许就是那些旨在平息亚洲金融危机的政策所埋下的:

当时,美国政府尽其所能,以确保危机不会波及实体经济。美联储在 1998 年底的 3 次紧急降息立竿见影。从此,美国消费者就没再回头。美国个人消费在实际国内生产总值(GDP)中所占比例,从上世纪(20 世纪)90 年代末的 67% 升至 2007 年上半年的 72%。美国抵御亚洲金融危机的对策,造就了有史以来最大的一场消费狂潮。

焦头烂额的亚洲应已别无所求。美国消费者的大手大脚,对于亚洲而言犹如天降甘露。它增强了亚洲地区对于出口驱动型增长模式的信心。亚洲发展中国家迅速加大了赌注,将出口在 GDP 中所占份额从 1997—1998 年的 36%,推升至 2007 年的 47%。

事情并未就此止步。一体化程度日益提高的亚洲经济,发现了以中国为核心供应链的协同效应。此外,大宗商品生产国——尤其是澳大利亚、俄罗斯、加拿大和巴西——也依靠资源密集型、出口驱动型的中国经济维持生计。

这就是亚洲金融危机之后所发生的事情：失衡成为了常态，而非例外。

日本："失去的十年"

1998年，日本著名学者竹内宏在《日本金融败战》中这样描述：由于股票价格不断上涨，日本的股票价格相当于美国的7倍以上。购买股票失去了分红的意义。买股票完全是出于对股票涨价的期待，股票价格已经涨到难以上涨的水平。

另一方面，商业用地和住宅价格暴涨。日本的土地总值达到美国的2倍，东京千代田区的土地总值可以与加拿大相匹敌。

英国皇家特许测量师学会的首席经济专家米兰·卡特瑞表示：

我们从历史上学到的教训就是，过去应对房地产崩溃危机的政策几乎多多少少会有些缺陷。

20世纪80年代后期，为刺激经济发展，日本中央银行采取了非常宽松的金融政策，鼓励资金流入房地产以及股票市场，致使房地产价格暴涨。1985年9月，美国、联邦德国、日本、法国、英国五国财长签订了"广场协议"，决定同意美元贬值。美元贬值后，大量国际资本进入日本的房地产业，更加刺激了房价的上涨。从1986年到1989年，日本的房价整整涨了两倍。当时，国土面积相当于美国加利福尼亚州的日本，其地价市值总额竟相当于整个美国地价总额的4倍。到1990年，仅东京的地价就相当于美国全国的总地价。

到了20世纪90年代日本房地产业全面崩溃时，东京的决策者未能成功地、迅速地削减利率，无法实现经济的"软着陆"。此后，大量私房屋主拖欠房屋贷款、银行停止办理新的贷款手续。这次泡沫不但沉重打击了房地产业，还直接引发了严重的财政危机。受此影响，日本迎来历史上最为漫长的经济衰退，陷入了长达15年的萧条和低迷。

自20世纪90年代以来，由于房地产泡沫破灭，日本持续经济萧条，实际GDP增长率低，物价不断下跌，经济陷入通货紧缩。日本在全球经济中的话语权减弱,日本学术界称之为“失去的十年”。进入21世纪后日本经济仍然不见起色。

1997年秋季,在金融层面上以大型金融机构破产、股价暴跌和日元汇率狂泄为表象的日本金融动荡和经济衰退引起全球的关注,海内外许多学者从各个角度对日本经济衰退的原因进行分析,由于这次深刻的日本经济调整同东南亚金融危机在时间上的巧合,于是,有人甚至把日本同其他遭受危机的国家相提并论,这不能不说是一个误解。

2001年12月,华东师范大学教授、博士生导师黄泽民在其文章《日本经济衰退的原因及其将来》中写道:

其实,日本的金融动荡与泰国等东南亚国家有本质的不同,泰国等的危机是“被动型危机”,即在内部经济结构出现问题之后,由外部力量冲击而突然爆发;日本的金融动荡则是“主动型危机”。早在20世纪90年代中期日本宏观经济管理层就发现本国的金融体系已经无法适应世界经济国际化的要求,必须主动地进行所谓“大爆炸式的金融改革”,以提高日本经济金融的国际竞争力,至于金融改革可能带来的金融动荡和经济衰退早在预料之中,所谓“大改革、大动荡”这句预言也先于危机之前见诸报刊和书籍。“主动型危机”有两个重要特点:一是主动发动,对可能出现的经济金融动荡有所预见;二是目标明确,通过改革达到建立新体系的既定目标,经济衰退和金融动荡可视作为建立新体系的机会成本。由于预期是金融市场的一个重要特点,改革对经济金融巨大的震动性影响将提前反映。

1997年秋季以来,由于山一证券公司和北海道拓殖银行等金融机构的破产,引发了日本社会公众对日本金融体系稳定性和经济前景的信心危机,使日本经济陷入了战后罕见的大萧条之中。

在宫崎骏的《千与千寻》里,主人公是1990年出生的千寻。宫崎骏从孩子的视角出发,讲着日本社会的故事:泡沫经济破产后的长期不景气,旧有社会体制的难以改革这些都是成人的麻烦;而在孩子的世界里,学校道德败坏,少年犯罪更是司空见惯的黑暗。怎样找一把钥匙打开光明之门,千寻最终激发出身体里全部的潜能,成功地完成了自己的冒险。然而日本社会再也回不到以前那种繁荣的景象了。

2008年度诺贝尔经济学奖获得者保罗·克鲁格曼在其著作《萧条经济学的回归和2008年经济危机》中写道:

经济学家素以说话拗口闻名，对于日本当时的经历，他们也有一个别扭的说法——“增长型衰退”。增长型衰退是指，一个经济体在增长，但增长速度不足以赶上该经济体产能的扩展，于是闲置的机器和失业的工人越来越多。增长型衰退一般很罕见，因为繁荣和萧条通常都会一发不可收拾，一增长就快马加鞭，一衰退就直坠深渊。但是，日本实际上经历了长达10年的增长型衰退，这使它大大落后于本应达到的水平，以至于几乎陷入了一种新困境，即“增长型萧条”。

日本经济是缓缓恶化的，这本身就使人看不清形势。因为萧条是悄悄潜入日本的，所以日本公众从来没有大声吵嚷，呼吁政府大力采取对策。因为日本的经济发动机是渐渐放慢而不是猛然熄火的，所以日本政府也不求进取、得过且过。虽然日本政府远远没有实现应有的潜在增长率，但它仍然认为，既然经济仍在继续增长，那就说明政府的政策没错。与此同时，看到日本经济长时间增长缓慢，日本及别国的分析家也倾向于认定，日本经济的潜在增长率就是这么低。

于是，日本的经济政策变得很奇怪，既志得意满，又听天由命、不思进取，而且日本当政者明显不愿努力思考，事情为什么会变得如此糟糕。

保罗·克鲁格曼早在1999年，就在《时代》周刊上以“日本综合症”为题撰文，奉劝人们不要在日本的复苏问题上下注，他在文中指出：

日本早在亚洲金融危机发生以前就遇到了麻烦，如果亚洲发展中国家的病是可能致命的，但却是时间较短的急性发烧，而日本的病则是慢慢消耗体力的病，而且没有出现缓解的迹象。

2009年3月，野村综合研究所首席经济学家辜朝明在上海社会科学院作了题为《资产负债表衰退的年代》的演讲中说道：

当年日本的泡沫主要是在商业地产领域，1990—1991年泡沫破灭，具有经济衰退指标性意义的商业地产价格也一路下跌，到2005年左右回到了1973年时候的水平。从峰顶到谷底，跌掉了87%。如果再加上股票市值损失，1990年以来日本的财富损失累计高达1500万亿日元，是日本3年GDP的总和。

日本遭受了如此严重的损失，但不论是名义GDP还是实际GDP，都从未落到过1990—1991年泡沫峰顶时的水平以下，而失业率也从未超过5.5%。

也就是说，尽管经济增长陷入长期停滞，但日本经济的总体规模并没有剧烈收缩。鉴于财富的缩水程度，做到这一点其实是非常不容易的。

日本当时采取了什么办法呢？就是靠长期大规模的政府支出。

在泡沫破灭后的10年多时间里，日本处于典型的资产负债表衰退：企业忙于还债，哪怕在零利率的情况下也不向银行借款，也很少在证券市场上融资。如果听任这种局面发展而无所作为，日本经济势必遭受极大的打击。

日本政府在万般无奈之下，只能承担起最终支出者和最终借款者的责任来。从1990年到2005年，日本政府赤字累计扩大了315万亿日元。可以说，日本政府靠赤字财政支撑下的政府支出，扛住了经济收缩的巨大压力，给了日本的企业十多年的喘息时间，全力清理债务。

当时日本国内也讨论过降息、减税、结构改革等对策，但后来的实践证明，只有政府支出是唯一可行的出路。

2006年3月，日本央行宣布终结5年来的超级宽松货币政策，这意味着，日本经济将迎来重振的年代。

美国目前的危机与日本20世纪90年代问题的共同点在于，金融体系出现严重失衡，资产价格与信用紧缩出现互相强化的恶性循环。但除此之外，当年日本实体经济本身也出现了严重的产业发展停滞问题，而这是决定日本陷入“失去的十年”的关键因素。

日本内阁府2008年11月17日公布的统计数据显示，日本第三季度国内生产总值(GDP)环比下滑0.1%，出现连续第二个季度下滑。

日本经济和财政政策大臣与谢野馨说，数据显示日本经济步入衰退。这是日本自2001年以来再次陷入经济衰退。

“互联网络泡沫”

纳斯达克市场从1971年创始，一直平平淡淡，几百点的变动，几千亿美元的市值，在1991年之前的20年中不过是从100点爬到300多点，1995年突破1000点，而后5年几乎是一口气冲上5000点。

1993年，雅虎搜索网站成立，1998年总收入达到2.03亿美元，利润总额2500万美元。进入1999年后，Yahoo的股票市值已经接近380亿美元，超过波音公司。

1994年,亚马逊网站诞生。到1999年,亚马逊网上书店成为全球第三大图书销售商,拥有450万长期顾客。截止到1999年10月,收入达到3.56亿美元,自1997年公开上市到1998年底,其股票价格飙升了2300%。

这就是泡沫,泡沫在词典中的本意是聚集在液体中的气泡。经济学里的泡沫是指因投机交易极度活跃,金融证券、房地产等的市场价格脱离实际价值大幅上涨,造成表面繁荣的经济现象。

"DOTCOM"的疯狂也打破了很多人平静的生活。媒体的渲染,多少人一夜暴富的报道,令更多的人投身于股市。著名经济学家斯蒂芬·李柏在其著作《即将来临的经济崩溃》一书中写道:

可以毫不夸张地说,20世纪90年代后期,投资领域几乎处于疯狂的状态。数以百万计的投资者们对于历史悠久的股票投资原则——例如应有的勤勉和基本的分析置之不理,完全靠意气用事进行股票交易。因为相信科技的奇迹,他们蜂拥而上购买科技股和网络股。

……

我认识很多聪明又受过良好教育的投资者,他们虽然也了解过去曾经有过的类似的教训——比如"南海泡沫"和19世纪20年代末期的泡沫,但他们认为:"这次不同以往",科技股泡沫并不像过去那样是虚幻的癫狂,而是真实的存在。在他们看来,一个新的典范已经被树立起来,新世纪的曙光已经来临。

《非理性繁荣》描述了促成20世纪90年代股票市场泡沫的心理因素。著名经济学家罗伯特·J. 希勒在该书序言中指出:

20世纪90年代末的股市显示出一个典型特点,即投机性泡沫:暂时的高价得以维持主要是由于投资者的热情而不是与实际价值相一致的预测。在这种情况下,尽管市场可能维持高位甚至大幅攀升,但在未来十年或二十年里,股市的总体前景将会是非常惨淡,甚至十分危险。

在1998年,互联网泡沫首先让美国人感到了困惑。当时,亚洲金融风暴的乌云正卷徙到了美国上空,致使当地市场阴晴不定,并发生了低度的通货紧缩,制造业、原材料市场很不景气,而同期高科技市场却非常看好,尤其是网络股经常保持在亢奋线上,于是质疑便产生了。在1998年夏,《经济学家》杂志就提出：

是美国的资产价格膨胀，而不是东南亚金融危机，构成了对世界经济的更大威胁。美国股市今年(1998 年)又有了 15%的收益，与前两年相比竟然增长了 65%，而这并不是泡沫出现的唯一迹象。

从那时开始，经济学家们就不断质疑美国经济繁荣还能维持多久，或者预言大泡沫即将破裂。

在 1999 年纳斯达克市场暴涨一倍后，2000 年 3 月急转直下，酿成一场百年不遇的股灾。总市值在 18 个月内缩水近四分之三，纳斯达克综合指数在“9·11”事件发生时跌到 1200 多点。2001 年，泡沫全速消退。大多数网络公司在把风险投资资金烧光后停止了交易，许多甚至还没有赢利过。网络经济泡沫的崩溃在 2000 年 3 月到 2002 年 10 月间抹去了技术公司约 5 万亿美元的市值。根据 Webmergers 统计，自 2000 年泡沫破灭以来，全球至少有 4854 家互联网公司被并购或者关门。

互联网泡沫的破灭，受到影响的不只是互联网公司，还有那些在股市中追逐利润的中小投资者。到了 2001 年年底，美国个人破产申请激增 52%，达到 1464961 宗；公司破产申请增加 10.7%，达到 39845 宗。美国联邦存款保险公司发表的报告指出，2001 年，美国上市公司破产数目打破了历史纪录，总共有 257 家上市公司宣布破产，破产公司数量比 2000 年增加了 46%。

2001 年，“9·11”事件之后，美联储为了刺激经济发展，便开始大幅降息，可以看出这与 2008 年金融危机发生后，美联储的做法是一样的。“格林斯潘 19 年对手”弗莱肯施泰因在接受腾讯网采访时说道：

因为在“9·11”以前美国股票的泡沫已经爆掉了，“9·11”事件以前美国已经开始进入金融衰退。“9·11”事件发生以后，等于给了格林斯潘他们一个理由降息，继续做他们想做的事，继续给市场增加流动性。“9·11”发生以后，大家没有去很认真地研究已经发生的证券市场大衰退，更没有从中吸取教训。

世界银行副行长兼首席经济学家林毅夫认为：

按理说，当时(股市泡沫破灭之后)美国经济本应该面临一次萧条，但美政府为了避免经济衰退，美联储连续 27 次降息，增加了市场的流动性，贷款增多，投资增多，刺激了美国的房地产市场，从而弥补了股票泡沫破灭带来的损失，财富增加了，进而消费增加——这就是美国在互联网泡沫破灭之后没有衰退的主要原因。

一旦股市下跌，加之美联储为刺激经济发展所进行的降息行为，使得房地产就成为股市释放的投机热潮的主要出口。美联储持续降息使得房地产的泡沫越来越大。

经济学大师凯恩斯认为，金融市场的问题在于，投资者会周期性地被一种极端化的“流动性偏好”左右，这种极端的偏好会让投资者只敢放心地把钱投入最安全的投资之中。凯恩斯写道：

投资市场的本性是……当幻想破灭的情绪降临到一个过度乐观、被过度买入的市场时，它就会以一种突兀的，甚至灾难性的力量打击在市场上，疑虑一旦出现，就会迅速蔓延。

耶鲁大学经济学家罗伯特·J. 希勒 2005 年说道：

还有什么地方可以让冒险的投机者运用他们新吸收的商业奇才？大房子所展现的实利主义也已成为自尊心受挫的失望的股票投资者的奴隶。这些天来，整个国家在痴迷程度上唯一与对房地产的痴迷度相同的东西只有扑克。

在林毅夫看来，2008 年的金融危机之所以发展到目前阶段，与美国政府没有很好处理 2001 年互联网泡沫破灭有关。

第一个要吸取的经验教训就是：不能为了解决一个问题，却创造一个更大的问题。

本章参考文献

[1]蒋林. 回眸 1929 年大萧条 与当前金融危机有四点不同[N]. 广州日报. 2008－11.

[2]金柏松. 1929 年：潜伏的危机导致美国经济崩溃[J]. 人民论坛，2007－11.

[3]美元霸权制度才是全球金融危机的根源[N]. 南方都市报，2009－01.

[4]中国需要复制十年前朱镕基的做法．第一财经日报,2008－11.

[5]回顾十年前亚洲金融危机 金融危机离中国有多远．经济观察报,2007－07.

[6]中国离金融危机有多远[J]．新青年·权衡．2007

[7]对话樊纲:亚洲金融危机的启示．21世纪经济报道,2007－05.

[8]沈联涛．回望亚洲金融危机,中国属于幸运勇敢者[J]．财经,2007－06.

[9]泰国金融危机难以在越南重演[N]．金融时报,2008－06.

[10]汪时锋．东南亚金融危机十年再反思[N]．第一财经日报,2007－04.

[11]邱登科．泰国触发亚洲金融危机启示录[OL]．金羊网,2008－06.

[12]陆永江．泰国机构认为当前金融危机对泰影响小于1997年[OL]．国际在线,2008－10.

[13]美元霸权制度才是全球金融危机的根源[N]．南方都市报,2009－01.

[14]曾荫权:金融海啸破坏远超97亚洲金融危机,香港经济将放缓[OL]．中国证券网,2008－10.

[15]史蒂芬·罗奇,著．江洋,译．美国救市的后患[N]．金融时报,2009－03.

[16]陈鸿斌．日本失去的十年[M]贵阳:贵州人民出版社,2001－12

[17]辜朝明．全球衰退真相:资产负债表陷阱[N]．第一财经日报,2009－03.

[18]黄泽民．日本经济衰退的原因及其将来[N]．国际金融报,2001－12.

[19]日本“失去的十年”会在美国上演吗[N]．中国证券报,2008－08.

[20]李若愚．日本作别“失去的十年”,将在全球引发连锁反应[N]．北京晨报,2006－03.

[21]审视日本失去的十年:一个泡沫的膨胀与破裂[N]．广州日报,2007－11.

[22]世界顶级城市房价高企逆势出现房产热[N]．广州日报．2007－03.

[23]斯蒂芬·李柏,格伦·斯特拉西,著．刘伟,译．即将来临的经济崩溃[M]．台湾:东方出版社,2007－12.

[24]张劼. 中国互联网10年:网络泡沫在"疯狂"中浮沉[J]. 今传媒,2005－09.

[25]金岩石. 从纳斯达克股灾看中国股市[N]. 中国证券报,2007－09.

[26]一场世纪的对话——关于互联网泡沫[N]. 互联网周刊. 1999－12.

[27]陈思进. 华尔街这些事[M]. 武汉:湖北辞书出版社,2009－01

[28]林毅夫. 金融危机是网络泡沫的报复. 21世纪经济报道,2008－10.

后记

敲完本书正文的最后一个字，不知不觉间距最初打算撰写本书已经半年有余。此时，正值“博鳌亚洲论坛2009年会”在海南博鳌召开，国务院总理温家宝在该论坛上说：

“我曾经讲过，信心比黄金和货币还要重要。今天，我还要讲一句话，那就是希望，希望像一盏明灯，给予我们各国、各家企业、世界人民照亮了方向，永不熄灭。

受国际金融危机的影响，我国经济社会发展面临的困难很大，主要是：外部需求持续萎缩，出口下降幅度较大；农业稳定生产、农民持续增收难度加大；一些行业产能过剩，工业增长回升乏力，经济效益继续下滑，财政收入减少，就业形势十分严峻。

应该看到，国际金融危机还在扩散蔓延，世界经济衰退的基本态势没有改变，金融体系存在的问题没有解决，实体经济恶化超出预期，全球经济复苏可能经历较长和曲折的过程。

2008年9月以来，世界经济遭受了上世纪大萧条以来最为严峻的挑战。各国纷纷采取措施，应对国际金融危机的严重冲击。中国政府及时果断调整宏观经济政策，实施积极的财政政策和适度宽松的货币政策，迅速出台促进经济平稳较快发展的一揽子计划，对缓解经济运行中的突出矛盾、增强信心、稳定预期，发挥了重要作用。

面对国际金融危机肆虐，中国愿意继续同亚洲国家一道，积极应对挑战，全面加强合作，使各领域合作更加充实和富有活力，促进地区和平与繁荣。

在经济全球化条件下，世界各国的命运已紧紧联系在一起，没有一个国家可以在国际金融危机中独善其身，没有一个国家能够以一己之力战胜这场危机。”

正如著名经济学家郎咸平所言:"没有经过经济危机洗礼的民族,不可能是经济上成熟的民族;没有经过经济危机洗礼的企业家,不可能是成熟的企业家;没有经过经济危机洗礼的公民,不可能是市场上成熟的公民。"

中国,同样也不例外。

旁征博引　2009 年 4 月

致谢与声明

《中国怎么办：当金融危机改变世界》一书在某种意义上，可以说是众多全球商界政界领袖、权威经济学家深邃智慧及精彩言论集合的结晶，在此，再次对他们表示深深的感谢。本书在写作过程中也得到了很多经济学家、企业家、专家朋友的热情支持与帮助，在此一并感谢。

《中国怎么办：当金融危机改变世界》在写作过程中，查阅、参考了大量的文章、文献和作品，部分精彩文章未能（正确及时）注明来源及联系版权拥有者并支付稿酬，希望相关版权拥有者见到本声明后及时与我们联系（zhonggguozenmeban@126.com），我们都将按相关规定支付稿酬。在此，深深表示歉意与感谢。由于编者水平有限，书中不足之处在所难免，诚请广大读者指正。同时，为了给读者奉献较好的作品，本书在写作过程中的资料搜集、查阅、检索与整理的工作量非常巨大，需要许多人同时协作才得以完成，并得到了许多人的热心支持与帮助，在此感谢符玉将、符心风、陈圣凯、林泽娇、秦子茹、符仕文、符华玲、王龙栋、符英妹、李兴贵、赵斌斌、钟玉舟、梁进平、符星深、陈石良、王永健、符成、唐永评、文武各、庄照云、王隆秀、邢小竹、符国霞、符日良、陈颖林、文秀菊、王宇照、关爱菊、张深开、吉晓凡、李安兴、王燕、王雷、林坚文、麦笃雄、符生亭、文开胜、杨国、谢良霞、蔡天贵、赵春、高昌平、张孝冠、高昌吉、钟才发、张万财、符美四、符英翁、卢塘美、方松有、刘伟全、陈文良、赵开守、吴晓莹、朱强、赵诗风、曾水生、高丽丽、王庆荣、金链、赵瑜、吉小泼、邓保青、吴啟刚、赵能、符壮东、卢秋荣、符丽梅、李智猛、文秀林等人，感谢他们的辛勤劳动与精益求精的敬业精神。